Die Elbvororte

Flottbek, Othmarschen, Nienstedten

Die Deutsche Bibliothek – CIP-Einheitsaufnahme

Die **Elbvororte:** Flottbek, Othmarschen, Nienstedten /
B. Beier ... – Hamburg: Christians, 1993
(Hamburger Stadtteilreihe)
ISBN 3-7672-1171-8
NE: Beier, Brigitte

ISBN 3-7672-1171-8
Kartengrundlage: Stadtkarte von Hamburg im Maßstab 1:20000
Ausgabe: 1990
Herausgeber: Vermessungsamt Hamburg
Vervielfältigt mit Genehmigung VA 411-02/93

DIE ELBVORORTE

Flottbek, Othmarschen, Nienstedten

Brigitte Beier / Norbert Fischer
Ernst Christian Schütt / Hanna Vollmer-Heitmann

Fotos von Jan Jepsen

Christians

Einst holsteinisch, dann preußisch, heute hamburgisch:

ZUR GESCHICHTE VON FLOTTBEK, OTHMARSCHEN UND NIENSTEDTEN

Die erste Besiedlung der Elbdörfer

Seite 4/5: Ein Spaziergang an der Elbe bei Övelgönne bietet gleichermaßen den Ausblick auf die Weltschiffahrt im Hamburger Hafen und die Idylle eines kleinen Fischerdorfes

»Zum Hünengrab« und **»Urnenfeld«** – die Namen dieser beiden Straßen nördlich der Osdorfer Landstraße weisen darauf hin, daß in dieser Gegend schon um 2000 v. Chr. Menschen seßhaft gewesen sind. Wann die Elbvororte unter ihrem heutigen Namen entstanden, ist unbekannt. Im 8. Jahrhundert jedenfalls gehörten sie zum damaligen Sachsengau Stormarn, der von der Elbe bis zur Segeberger Heide und bis an den Fluß Stör reichte und zu Beginn des 9. Jahrhunderts von den Franken unterworfen wurde.

Die erste schriftliche Nachricht stammt aus einem Vertrag und erwähnt unter dem Datum 14. Februar 1297 ein Kirchspiel »nygenstede« im Zusammenhang mit einer Schenkung des damaligen Landesherrn, Graf Adolf V. von Schauenburg. Nienstedten bedeutet soviel wie »Neue Stätte«. Wo eine »Alte Stätte« gelegen haben könnte, ist unbekannt. Das **»Karkspel« Nienstedten** ist allerdings noch viel älter: Die Frankenherrscher – allen voran Karl der Große, der zwischen 772 und 804 die Sachsen gewaltsam seinem Reich einverleibte – übernahmen bei der Verwaltung der von ihnen eroberten Gebiete die vorgefundene Stammesorganisation, namentlich die sächsischen Kult- und Gerichtsstätten, die sog. Thingspiele. Es ist daher anzunehmen, daß die frühen Kirchspiele den Grenzen dieser altsächsischen Thingspiele entsprachen.

Die Bewohner dieser Dörfer am Ufer der Norderelbe wurden von Hamburg aus durch Wanderprediger missioniert und gingen wahrscheinlich dort zur Kirche, bis sie – vermutlich schon in der ersten Hälfte des 13. Jahrhunderts – ein eigenes Gotteshaus in Nienstedten erhielten.

Övelgönne – ein schmaler Gang zwischen gepflegten Häusern mit gründerzeitlichen Gußeisenveranden und den zur Elbe abfallenden Gärten

Bald nach Nienstedten tauchten auch die Dörfer **Klein und Groß Flottbek** in den Urkunden auf, und zwar in einem Kaufbrief aus dem Jahr 1305 unter der Bezeichnung »flotbek inferior et superior« bzw. »Over und Nedder Vlotbek«. Der Name weist auf die Flottbeker Au (»Vlodtbeke«) hin, einen Wasserlauf, der von Bahrenfeld kommend beim heutigen Teufelsbrück in die Elbe mündete. **Othmarschen** ist durch Urkunden fast genausolange bekannt wie Flottbek. Aber es gab für diesen Ortsnamen sehr viel mehr Schreibweisen und auch Deutungen, woher die Ortsbezeichnung stammt. Möglicherweise rührt sie her von der Heimstätte eines fränkischen Einsiedlers, »Heim des Otmar«, also hochdeutsch Otmarsheim, wie es auch in Urkunden aus dem 16. Jahrhundert Erwähnung gefunden hat.

Erst 1561 und damit später als anderswo im Hamburger Raum hielt die Reformation hier Einzug. In der Herrschaft Pinneberg, die im Laufe der schauenburgischen Landesteilungen Ende des 14. Jahrhunderts entstanden war, wurde gemäß dem Motto »Wes das Land – des der Glaube« die evangelische Religion erst durchgesetzt, als Graf Otto IV. von Schauenburg 1558 sich in zweiter Ehe mit Prinzessin Elisabeth Ursula von Braunschweig-Lüneburg verheiratet hatte und die Brauteltern ihren Schwiegersohn zum Glaubenswechsel veranlaßten.

Mitte des 16. Jahrhunderts waren die Ortschaften noch sehr klein und die Gegend stark bewaldet. Auf der von Melchior Lorichs 1567/68 für den Hamburger Senat erstellten Elbkarte findet sich ein Zeichen »thom Creutze« an der Ostgrenze des Kirchspiels Nienstedten, westlich davon zwei langgestreckte Gehölzstreifen, wobei eine südlichere Häusergruppe mit **»Flodtbeke«** nördlichere mit **»Nienstede«** bezeichnet ist. Allerdings hat Lorichs »nienstede« im Verhältnis zu »Flodtbeke« zu weit landeinwärts gezeichnet.

Besser und genauer zeigt die von Daniel Frese auf Wunsch seines holstein-pinnebergischen Landesherrn erstellte »Landtafel der Grafschaft Holstein« von 1588 die Lage. Hier liegen »Niensteden« und »Klenflottbeck« etwa an ihrer heutigen Stelle. Othmarschen ist als Häusergruppe mitsamt dem Othmarscher Teich unter der Bezeichnung »Otmars« eingetragen. Die Karte zeigt auch die »Flottbeker Brug« über die Flottbeker Aue beim heutigen Teufelsbrück und »Niensteder Molen«, den heutigen Wesselhoeftpark.

Wie Teufelsbrück zu seinem Namen kam

Die Bezeichnung **Teufelsbrück** verweist auf den in früheren Zeiten meist schlechten Zustand der Landstraße zwischen Hamburg und Blankenese, wo die Fernreisenden die Elbe mit einer Fähre überqueren konnten. Bis zum Ende des 18. Jahrhunderts erstreckte sich hier nämlich noch eine große Sumpfniederung. 1684/85 ist die Rede von der Reparatur einer Brücke über die

»Ein Schiff wird kommen« – am Anleger Teufelsbrück verweilt man gern ein wenig und wartet auf die nächste Abfahrt

Flottbeker Au, der »Teufelsbrücke«. Der Name übertrug sich auf die spätere Häusergruppe am Uferstreifen. Die ersten namentlich genannten Anwohner waren zwei Ostfriesen, Baucke Hyddes und sein Schwager Aucke Baues, denen der dänische König Christian V. am 4. Dezember 1697 eine Konzession zur Anlage einer wasserbetriebenen Ölmühle und später auch einer Graupen-Windmühle erteilte, die sich aber als unrentabel erwiesen.

Die Ansiedlung Teufelsbrück entstand nach einem Brand 1834 größtenteils neu. Die »Holsteinische Topographie« verzeichnete 1856 in Teufelsbrück zwei Wirtshäuser, die »zu den besuchtesten Vergnügungsörtern in der Umgebung Altonas gehören«, nämlich die 1717 von Peter Nagel gegründete Teufelsbrücker Brauerei (bestehend bis 1919) mit Ausschank und die

Englische Gartenkultur an der Elbe: »Ansicht von Flottbeck bei Hamburg«, ein Stich aus dem 19. Jahrhundert

Bäckerei Soltau mit dem »Café zum Bäcker«, die im Frühjahr 1943 nach einem Bombentreffer ausbrannte.

Kriege und Hochwasser verhindern rasches Wachstum

Zwischen dem Ende des 16. und dem Beginn des 19. Jahrhunderts wuchsen die Gemeinden nur langsam: 1590 gab es 19 Grundbesitzer in Nienstedten, zumeist Handwerker mit geringer Landwirtschaft, 1789 waren es erst zehn mehr. Noch zum Ende des 18. Jahrhunderts wird **Nienstedten** nicht mehr als 150 Einwohner gehabt haben. Ähnlich langsam wachsen die anderen Dörfer. **Klein Flottbek** meldete 1591 sieben Grundbesitzer, im Jahr 1789 waren es 14, obschon 1727 der Mennonit Dirk van Hoven eine Wachsbleiche mit angeschlossener Wachslichtfabrik gegründet hatte, was einige Zeit für wirtschaftliche Belebung sorgte. **Groß Flottbek** hatte zu dieser Zeit sieben Vollbauern und 21 Handwerker und Kätner.

Das langsame Wachstum mag die Folge der vielen Kriege und häufigen Sturmfluten (1570, 1602, 1615, 1625) gewesen sein, von denen die Dörfer heimgesucht wurden: So lag 1620 hier wegen eines Erbstreits zwischen dem Grafen Ernst von Holstein-Pinneberg und dem Dänenkönig Christian IV. wochenlang dänisches Militär in Quartier; im Dreißigjährigen Krieg kamen 1627 zuerst die Kaiserlichen, 1643 dann die Schweden. Bis 1720 gab es kaum ein Jahrzehnt, in dem nicht durch Soldaten gleich welcher Nationalität die Felder verwüstet, das Vieh weggetrieben und die Häuser niedergebrannt wurden.

Politisch war 1640 ein entscheidendes Jahr: Graf Otto VI. von Schauenburg starb als letzter seines Geschlechts, die **Herrschaft Pinneberg** fiel an König Christian IV. von Dänemark und teilte fortan die Geschicke des Herzogtums Holstein. Die Verwaltungsstruktur blieb die gleiche: Die Herrschaft Pinneberg wurde durch einen Landdrosten verwaltet, der in der Kirchspielvogtei Hatzburg (nach der früheren Burg gleichen Namens bei Wedel), wozu das Kirchspiel **Nienstedten** gehörte, durch den Kirchspielvogt mit Sitz in Blankenese vertreten war. In den Dörfern sorgten Bauernvögte für Ordnung. **Othmarschen** unterstand der Vogtei Ottensen, ebenso Övelgönne, das im 16. Jahrhundert erstmals als »Fischerboden« erwähnt wurde und ab 1636 unter seinem heutigen Namen bekannt ist.

1808 rückten die Franzosen und ihre spanischen Verbündeten in den Elbdörfern ein, im Winter 1813/14 kamen die Kosaken, um Hamburg zu belagern und zu befreien.

Schon im 17. Jahrhundert hatten Stadtbürger, Beamte, Offiziere und wenige Adlige einige Bauernstellen gekauft, teils als Sommersitz, teils als Geldanlage. Allen voran der hamburgische Kaufmann Caspar Voght, der 1785 damit begonnen hatte, in Flottbek Land aufzukaufen (siehe S. 19). Der »Holsteinische Tourist« wußte 1833 darüber zu berichten: »Das Lustgehölz zu Flottbeck mit seinen malerischen Baumgruppen von der Landstraße, von der Brücke aus gesehen, hat viel Anziehendes, und man wird es schwerlich auf einer Fußreise unterlassen, einen Abstecher dahin zu machen ... Das freiherrliche Gut, welches

Hapag-Lloyd

in **Klein Flottbeck** liegt, ist weit und breit berühmt durch seine ausgezeichnete Landwirthschaft und Baumzucht.«

Die 1855/56 erschienene »Topographie der Herzogtümer Holstein und Lauenburg« nennt **Nienstedten** ein Dorf, welches »am hohen Elbufer in einer vorzüglich schönen Gegend liegt und sich durch die vielen Land- und Gartenhäuser mehrerer Hamburger und Altonaer auszeichnet ... Zu demselben gehört ein Theil von Teufelsbrücke (elf Häuser) nebst der sogen. Wassermühle und einer Schiffswerft ... Volkszahl 545, worunter mehrere Landhandwerker, besonders Tischler und Schiffszimmerleute ... Der Boden ist fruchtbar, aber bei jeder nur mäßigen Flut spült die Elbe längs ganz Nienstedten große Stücke vom Erdreiche ab, weshalb hier jetzt bedeutende Uferwerke sind.«

Über **Klein Flottbek** heißt es: »Dorf in romantischer Lage an der Elbe und der Elbchaussee von Altona nach Blankenese ... neben dem aus Teilen dieses Dorfs gebildeten Kanzleigut Flottbek ... Volkszahl 593, worunter ein Brauer und Brenner, ein Bäcker, ein Krämer, ein Schmied und Handwerker mancherlei Art.« Der Boden ist hier »gut«, anders als in Groß Flottbek, wo um diese Zeit 422 Menschen leben und das Terrain teils als »lehmigt«, teils als »sandig« geschildert wird, jedenfalls mit »zu wenig Wiesen«. **Othmarschen** wird uns als »Dorf in malerischer holzreicher Gegend in der Herrschaft Pinneberg« vorgestellt. Es hat mit Övelgönne 362 Einwohner: »Im Dorfe und auf der Feldmark liegen eine große Zahl der schönsten Land- und Gartenhäuser und ein Theil der Flottbeker Baumschulen«.

Dafür lohnt sich ein Ausflug an die Elbe: Kaffee, Kuchen, Sonnenschein und ein Blick auf die großen Containerschiffe – Restaurant »Zum Bäcker« in Övelgönne 38

Die Elbgemeinden und der Aufbruch der »neuen Zeit«

Der deutsch-dänische Krieg 1864 beendet die 224jährige Verbindung der Elbgemeinden mit dem dänischen Königshaus. Die Dörfer Nienstedten, Groß und Klein Flottbek sowie Othmarschen wurden 1867 der preußischen Provinz Schleswig-Holstein zugeschlagen. Im selben Jahr eröffnet die Altona-Kieler-Eisenbahngesellschaft eine Bahnverbindung zwischen Altona und Blankenese. Bis zur Umstellung auf den elektrischen Antrieb am 29. Januar 1908 fauchten Dampflokomotiven über die anfangs eingleisige Strecke.

Als im August 1899 die elektrische Straßenbahn von Altona Hauptbahnhof nach Blankenese fuhr (bis 1921), hatten die Elbgemeinden ihr Gesicht schon sehr gewandelt: Immer mehr wohlhabende Städter vertauschten die hektische Innenstadt mit dem geruhsamen Vorort, dies zog wiederum Handwerk und kleine Kaufleute nach sich. Überall wurden Straßen und Wege erneuert, die Beleuchtung verbessert und so die Voraussetzungen für eine vermehrte Besiedlung geschaffen.

Beiderseits der Bahnlinie – weitab von den bisherigen Dorfkernen – entstanden großzügige Villenanlagen mit malerischen Straßenzügen. Der Kaufmann Ferdinand Ancker gründete am 24. Januar 1883 zusammen mit einigen anderen Herren ein »Terrain-Consortium« zum Zwecke der Gründung der **»Villenanlage Neu-Othmarschen«.** Er war 1896/97 gleichfalls beteiligt an der Erschließung der **Villenkolonie Hochkamp,** deren größter Teil auf Osdorfer Gemarkung liegt.

Aber es gab in den Elbgemeinden immer noch ländliche Refugien wie der bäuerliche »Dorfkern des alten Othmarschen«. Im November 1924 konnte der Altonaer Stadtoberbaurat Gustav Oelsner in der »Vossischen Zeitung« noch eine derartige Würdigung verfassen: »Parks mit großen stillen Häusern hinter mächtigen Büschen von Rhododendron und Azaleen, Kuhweiden, Alleen, Besitzungen von fürstlichem Ausmaß. Im Kern das

Sommerliches Freizeitvergnügen vor der Kulisse des Schulbergs in Övelgönne – aus dieser Perspektive nur von einem Elbdampfer aus zu sehen

alte Othmarschen mit Bauernhöfen in der großen stolzen Form, wie wir sie von Friesland und Sylt her kennen. Durch Othmarschen hindurch hoch über der Elbe, die Flottbekerchaussee (seit 1951 Elbchaussee), die Liliencron die schönste Straße der Welt genannt hat.« Der Bau des 1975 fertiggewordenen Neuen Elbtunnels hat dieser Idylle endgültig ein Ende bereitet.

Verlust der politischen Selbständigkeit

Nienstedten, Flottbek und die übrigen Elbvororte wurden am 1. Juli 1927 nach Altona eingemeindet, zu dem Othmarschen mit Övelgönne schon ab dem 1. April 1890 gehörten. Diese Großraumbildung im Hamburger Westen – als Groß-Altona bezeichnet –, sollte die Wirtschaftskraft der Region stärken. Durch das **»Groß-Hamburg-Gesetz«** vom 26. Januar 1937 wurde Altona ebenso wie Wandsbek und Harburg-Wilhelmsburg an Hamburg angeschlossen. Eine neue Gebietsaufteilung wurde vorgenommen und die Grenzen am 5. Juli 1938 festgelegt. Das bisherige Klein Flottbek wurde aufgeteilt und den Ortsteilen Nienstedten und Othmarschen hinzugefügt. Der Teil nördlich der Bahnlinie fiel an Osdorf und Groß Flottbek.

Sucht man nach einem gemeinsamen Adjektiv für Othmarschen, Groß Flottbek und Nienstedten, so kommt einem der Begriff **»nobel«** in den Sinn, und dies nicht nur deshalb, weil hier – wie nüchterne Zahlen besagen – der Reichtum zu Hause ist. Wie das Statistische Landesamt aufgrund einer Einkommenserhebung für 1986 ermittelte, wohnen in Nienstedten die vermögendsten Hamburger: Wer hier sein Haus hat, versteuert im Durchschnitt fast dreimal soviel wie der »normale« Bürger der Hansestadt. Gleich dahinter rangieren Othmarschen, Blankenese und Groß Flottbek. Aber wie gesagt: Dies sind Durchschnittswerte. Nicht jeder Bewohner dieser Stadtteile verdient soviel. Vor allem in den alten Ortskernen und darum herum wohnen viele »Normalbürger« und »kleine Leute«.

Ein Hauch von »La Paloma« und »Junge, komm bald wieder« – ausfahrendes Frachtschiff am Elbuferwanderweg

Im Verlauf der letzten zwei Jahrhunderte wurden Nienstedten, Klein und Groß Flottbek und Othmarschen aus Dorfgemeinden zu malerischen Villenvororten, nicht mehr Dorf und noch nicht Stadt. Geblieben ist jedoch die einmalige Verbindung von Landschaft und Architektur an der Elbchaussee. Folgen wir doch einmal der Reisebeschreibung des Herrn Professor Schütz von Hamburg nach Flottbek im Jahr 1827, um zu sehen, was sich alles verändert hat: »Der Weg von Ottensen hierher führt durch eine der reizendsten Gegenden, die man sehen kann. Rechts blühende Saatfelder, mit Lusthainen und Gartenanlagen, mit grünenden Hügeln, Villen und freundlichen Dörfern abwechselnd. Links die majestätisch hin strömende mit Inseln und Schiffen bedeckte Elbe, deren abhängige Ufer viele im edelsten Styl erbauete Landhäuser und die schönsten Gärten schmücken. Jeden Moment eine überraschende Veränderung der Scenerie! Allenthalben neue, nie vorher geahnte Schönheiten! Die Natur scheint gleichsam zu kokettiren, und mit ächter Weiblichkeit ihre Reize nur theilweise dem Auge Preis geben zu wollen, um die Bewunderung und Lüsternheit des Sehers desto stärker zu fesseln.«

Ernst Christian Schütt

Spazierweg im Jenisch-Park und repräsentativer Eingang an der Holztwiete (rechts)

»Heitere Ruhe und frohe Gemüthlichkeit«:

BARON VOGHTS GÄRTEN UND ANDERE PARKS

Mit ihren zahlreichen Parks sind die Elbvororte Hamburgs ein **beliebtes Naherholungsgebiet.** Früher im Privatbesitz jener reichen Hamburger und Altonaer, die sich im ausgehenden 18. und 19. Jahrhundert repräsentative Landsitze an der Elbe zulegten, um in den Sommermonaten der stickigen Innenstadt zu entfliehen, bilden sie heute – in Verbindung mit dem Elbuferweg – bevorzugte Ausflugsziele für die Allgemeinheit.

Das Voghtsche Mustergut – die »ornamented farm« in Flottbek

Caspar Voght, ein den Idealen der Aufklärung verbundener Kaufmann, erwarb 1785 aus einer Konkursmasse drei Klein Flottbeker Bauernstellen. Durch den Zukauf weiterer Höfe und Geländeaustausch besaß er schließlich größere zusammenhängende Areale, die auf einer Flurkarte um 1810 als »Parc du Midi«, »Parc de l'Ouest«, »Parc du Nord« und »Parc de l'Est« bezeichnet wurden.

Der **»Süderpark«** entspricht dem heutigen **Jenisch-Park.** Auch der gegenwärtig stark diskutierte **»Westerpark«** ist als weitgehend zusammenhängende Grünfläche erhalten geblieben. Noch heute ist hier die Idee der »ornamented farm« zu erkennen. Hinter dem ehemaligen Gutshof mit dem Voghtschen Landhaus (siehe S. 107) liegt das Eichenrund mit dem Derbypark – die ehemalige Hausweide Baron Voghts. Nach Südwesten ist die frühere Obstbaumwiese einer Pferdekoppel gewichen. Schließlich gehörte zum Westerpark der von Baron Voght gestaltete »Quellentaler Park«, der in seiner ursprünglichen Gestalt wieder aufgebaut werden soll (siehe S. 26). Den **»Norderpark«** nehmen heute ein: der Botanische Garten, der Poloplatz und die Jenisch-Schule, über den »Osterpark« erstrecken sich jetzt der Golfplatz, die Schulgelände des Christianeums und des Gymnasiums Hochrad sowie die Sportplätze des Großflottbeker Tennis-, Hockey- und Golf-Clubs.

Nach und nach formte Baron Voght seine Flottbeker Ländereien zu einer **»ornamented farm«** (geschmücktes, verziertes Gut). Auf einer seiner Englandreisen hatte er den Landsitz des Dichters William Shenstone »The Leasowes« (Hirtenfelder) bei Shrewsbury in Shropshire kennengelernt. Die hier verwirklichte Einheit aus Landschaftspark und Agrarwirtschaft begeisterte den feinsinnigen Kaufmann für das Konzept der »ornamented farm«, das im wesentlichen darauf basiert, das Schöne mit dem Nützlichen auf harmonische Weise zu verbinden. Mit Hilfe des schottischen Landschaftsgärtners James Booth gestaltete Voght eine einzigartige Anlage, wobei sich der Gutsherr von dem Grundsatz leiten ließ, der vorhandenen Landschaft »den Charakter abzulauschen, den die Natur ihr verlieh; diesen mit sorgsam schüchterner Hand auszubilden und dem Betrachter zu verdeutlichen«. Auf diese Weise entstanden reizvoll komponierte Landschaftsbilder, denen man die gestalterischen Eingriffe nicht anmerken sollte. Solche **»Natürlichkeit«** war das Ziel englischer Gartenkunst, die im bewußten Gegensatz zu den stilisierten französischen Gärten stand. Mit berechtigtem Stolz schrieb Baron Voght, als er sein Gut 1828 an Martin Johann

Jenisch d. J. verkaufte: »Die schönen Bäume, die liebliche Abwechslung von Hügel und Thal, die mannigfaltigen Baumgruppen, die so verschiedenen Land- und Strom-, An- und Aussichten suchte ich zu benutzen, um auf denen, durch die (mit solchem Fleiß bestellten) Felder geführten Wege, eine Reihe wechselnder, in ihrem Charakter von einander verschiedener Landschaften dem Auge des Wandelnden der Reihe nach darzustellen – dabey alles Kleinliche sorgfältig zu vermeiden, die Hand der Kunst allenthalben zu verstecken, und nur große Massen zu bilden, die des Pinsels würdig wären. Ich bin so eitel, zu glauben, daß mir dieses gelungen ist.«

Von der »ornamented farm« des **»Flottbeker Landmanns«**, wie sich Baron Voght gern selbst nannte, gingen starke reformerische Impulse aus. Die Landhaus- und Gartenkultur an der Elbe (siehe S. 34) profitierte davon ebenso wie die Landwirtschaft. Die nötigen Gehölze und Pflanzen bezog der Gutsherr zunächst aus dem Ausland, besonders aus England. Dann engagierte er für den Aufbau einer eigenen Baumschule, der ersten in Norddeutschland, den schottischen Landschaftsgärtner James Booth. Das war die Keimzelle für das größte geschlossene Baumschulengebiet der Welt zwischen Wedel, Pinneberg und Elmshorn. Ebenso intensiv wie den Parks widmete sich Baron Voght der Landwirtschaft. Auf seinem Mustergut betrieb er agrarwissenschaftliche Experimente. Er kaufte neuartige Ackergeräte aus England, machte Versuche mit neuen Düngemethoden, dem Fruchtanbau und der Fruchtfolge, womit er die Ernteerträge deutlich steigern konnte. Auch führte er hier den Kartoffelanbau ein.

Nachdem Baron Voght sein Gut 1828 verkauft hatte, blieb er Flottbek weiter verbunden. Im Sommer wohnte er wie bisher in seinem geliebten Landhaus, im Winter in Hamburg, wo er 1839 fast erblindet starb. Obwohl die agrar- und sozialreformerischen Aktivitäten fast sein gesamtes Vermögen aufgezehrt hatten, ließ er sich nie in seinen fortschrittlichen Ideen beirren.

Der Jenisch-Park

Einer der schönsten Parks an der Elbe, wenn nicht gar in ganz Hamburg, läßt mit seinem eigenartigen Charme wohl kaum einen Besucher unbeeindruckt: der **Jenisch-Park zwischen Elbchaussee und Hochrad, Baron-Voght-Straße und Holztwiete.** Um seine Parzellierung und Bebauung zu verhindern, pachtete die Stadt Altona den Park 1927, und 1939 kaufte ihn Hamburg. Seither steht er der Öffentlichkeit zur Verfügung. Mit seinen abwechslungsreichen Landschaften – den großen, baumumstandenen Grünflächen, einem waldigen Teil in der Mitte, den heute unter Naturschutz stehenden Feuchtwiesen – und seinen malerischen Ausblicken atmet der Park noch heute den Geist der Voghtschen »ornamented farm«. Baron Voght und sein Gärtner Booth schufen die Grundlage für diese erste englische

Jenisch-Haus: links die der Elbe zugewandte Südfassade, oben ein Innenraum

Parklandschaft an der Elbe; der Hamburger Kaufmann und Ratsherr Jenisch verlieh ihr die heutige Gestalt. Jenisch war nämlich nicht an der landwirtschaftlichen Nutzung interessiert, er brauchte einen repräsentativen Landsitz. Also beauftragte er den hamburgischen Garteninspektor Ohlendorff mit der Umgestaltung des Parks. Als Liebhabergärtner ließ Jenisch im Parkteil am Hochrad ein Arboretum (Baumgarten) anlegen, an dessen altem, teils exotischem Baumbestand man sich noch heute ergötzen kann.

An der höchsten Stelle seines Parks ließ Jenisch ein nobles Herrenhaus bauen. Der Platz war, von Baron Voght empfohlen, gut gewählt, hat man doch von hier einen wunderschönen Elbblick. Das 1831 bis 1834 erbaute klassizistische **Jenisch-Haus** ist das Ergebnis der miteinander verschmolzenen Pläne der beiden Architekten Franz Gustav Joachim Forsmann und Karl

Friedrich Schinkel. Heute ist das prächtige, quadratische Haus ein Museum großbürgerlicher Wohnkultur. Da man nicht mehr auf die ursprüngliche Ausstattung zurückgreifen konnte, wurde die untere Etage im Stil des **Klassizismus** und **Biedermeier** eingerichtet. Einige Stücke aus dem Besitz der Familie Jenisch, etwa der prunkvolle Tafelaufsatz aus vergoldeter Bronze im Weißen Saal, runden die Ausstellung ab. Diesen Tafelaufsatz schenkte Marschall Davout, französischer Statthalter während der napoleonischen Besatzung Hamburgs, dem Vater des Bauherrn. In den kleineren 14 Räumen des Obergeschosses kann sich der Besucher über großbürgerliche Einrichtungen von der Spätrenaissance bis zum Jugendstil orientieren.

Jenisch-Haus, Telefon: 82 87 90

Ein weiteres Museum entstand 1961/62 im Jenisch-Park: Das von Werner Kallmorgen entworfene schlichte **Ernst-Barlach-Haus** fügt sich auf gelungene Weise in die Parklandschaft ein.

Ausstellungsraum im Ernst-Barlach-Haus

Das Museum mit seiner bedeutenden Sammlung ist eine Stiftung des Zigarettenfabrikanten Hermann F. Reemtsma, der sich um den in Wedel geborenen Bildhauer, Graphiker und Dichter Ernst Barlach sehr verdient gemacht hat. Reemtsma sammelte die Werke des von den Nationalsozialisten als Vertreter »entarteter Kunst« verfemten Künstlers, die so der Nachwelt erhalten blieben. Zu den berühmtesten Barlachschen Bildwerken in Holz gehört der **»Fries der Lauschenden«,** für dessen Vollendung Hermann F. Reemtsma sich nach 1933 ganz persönlich eingesetzt hatte.

Ernst-Barlach-Haus, Baron-Voght-Straße 50a,
2000 Hamburg 52, Telefon: 82 60 85

Der neue Botanische Garten

Nicht nur für pflanzenkundlich versierte Besucher ist der direkt am S-Bahnhof Klein Flottbek gelegene neue **Botanische Garten,** dessen erster Teil 1979 für die Öffentlichkeit freigegeben wurde, ein lohnenswertes Ziel. Vor dem Eingang steht ein hünenhafter, dickbäuchiger Adam, der gerade den Sündenfall-Apfel verzehrt und dadurch nach der biblischen Geschichte die Vertreibung des Menschen aus dem Garten Eden besiegelt. Waldemar Ottos Bronzeplastik »Adam plündert sein Paradies« (1982) ist ein Mahnmal gegen die Zerstörung der Natur durch den Menschen.

Schwerpunkte des Botanischen Gartens sind das **»System«,** eine botanische Systematik in natura, und die pflanzengeographische Abteilung, wo der Besucher quasi in Siebenmeilenstiefeln die Naturgroßräume der Erde von der mitteleuropäischen Heide- und Hochmoorlandschaft bis zur mittelasiatischen Steppe durchwandern kann. Hier findet man auch den von Yoshikuni Araki gestalteten **Japanischen Garten.** Die Kultivierung unterschiedlichster Pflanzen auf engem Raum stellt hohe gärtnerische Anforderungen. Etwa die Ansiedlung der Mistel, die in unserer Sagenwelt eine große Rolle spielt, und der noch heute dämonenabwehrende Kräfte zugesprochen werden, erforderte einen Großeinsatz. Die Mistel gedeiht als Halbschmarotzer nur auf Bäumen. So transportierte man einen mit Misteln bewachsenen Silber-Ahorn, den eine hessische Gemeinde zur Verfügung gestellt hatte, mühselig nach Hamburg. Doch damit nicht genug: Um dem Ahorn das Anwachsen zu erleichtern, vergrub man in seinem Wurzelwerk eine Heizung, die den Boden auf etwa 18 Grad erwärmt.

Japanische Gartenkunst im neuen Botanischen Garten

Botanischer Garten, Hesten 10, 2000 Hamburg 52,
Telefon: 8 22 82–496

Derbypark und Quellental

Wo sich heute der **Derbypark** Klein Flottbek, die **Baumschule Lorenz von Ehren** und die **Siedlung Karl-Jacob-Straße** ausbreiten, lag früher der **»Westerpark«** des Voghtschen Guts mit dem wunderschön gestalteten Quellental, das Baron Voght besonders liebte, »da es mehr als irgendein anderer Teil des Parks seine eigene Schöpfung war«. Bis in die 1930er Jahre existierte der **»Quellentaler Park«,** der mit seinen rauschenden Quellen und lauschigen Ruheplätzen ein beliebter Ausflugsort für die Hamburger war. Neuerdings gibt es wieder Hoffnung für den Quellentaler Park: Ab 1993 soll er so originalgetreu wie möglich nachgebaut werden, wenn die Baumschulfirma von Ehren Mitte 1993 umgezogen sein wird. Kern der künftigen Grünlandschaft soll die Wiederbelebung der verrohrten und zugeschütteten Kleinen Flottbek sein. Auch sollen Seitenhänge wieder aufgeschüttet, Wasserfälle, Grotten und Teichanlagen installiert werden, ganz so, wie es im 18. Jahrhundert in Europa modern war. Vor 1998 wird der Park allerdings kaum in alter Schönheit erstehen.

Wesselhoeftpark

Südlich der heutigen Straße Quellental schließt sich der **Wesselhoeftpark** an. Durch diesen Park mit altem, teilweise fremdländischem Baumbestand und durch die kleine Straße Lünkenberg gelangt der Spaziergänger, der dem Wanderweg vom S-Bahnhof Klein Flottbek entlang des Derbyparks gefolgt ist, auf angenehme Weise zum Elbanleger Teufelsbrück. Anmutig erheben sich die dicht bewaldeten Hänge des Tals über dem Bach und zwei Teichen (ehemalige Mühlenteiche). 1953 verkaufte die Familie Wesselhoeft den heute zugänglichen Teil ihres Parks, der ursprünglich Sillemscher Besitz gewesen war, an die Stadt Hamburg.

Schröders Elbpark

Zwischen Elbchaussee und Elbuferweg – unweit des Övelgönner Hohlwegs – findet man ein weiteres Kleinod der Parklandschaft an der Elbe. **Schröders Elbpark** mit seinen mächtigen Buchen und Eichen ist seit 1954 öffentlich zugänglich, nachdem

Impression aus dem Wesselhoeftpark; links: Konzert mit Justus Frantz im sommerlichen Derbypark

die Eigentümer ihren Park dem Staat geschenkt hatten. Urspünglich gehörte der damals noch größere Landsitz dem gebürtigen Engländer John Thornton, der ihn 1819 an den Hamburger Kaufmann Johann Heinrich Schröder verkaufte. Aus der Thorntonschen Zeit ist nur noch das frühere Stallgebäude **»Halbmond«** an der Elbchaussee 228, Ecke Halbmondsweg, übriggeblieben (siehe S. 41).

*Uralt-
Rhododendron in
Schröders Elbpark*

*Damwildgehege,
dem der Hirschpark
seinen Namen verdankt*

Hirschpark

Als krönender Abschluß eines Elbspaziergangs auf dem Uferweg nach Blankenese bietet sich ein Besuch des **Hirschparks** an, den man über die Franz-Gartmann-Treppe erreichen kann. Von der Höhe des Steilufers genießt man einen wunderschönen Blick auf den Elbstrom. Der große Park selbst bietet ebenso attraktive Landschaftsbilder: von dem baumumstandenen **Damwildgehege** aus der Gründerzeit über eine vierfache Lindenallee aus der späten Barockzeit bis zu mächtigen Rhododendrongebüschen und einem Teich mit Wasserlauf. Zu einer Erholungspause laden **»Witthüs Teestuben«** ein. Ursprünglich logierten in diesem kleinen, strohgedeckten Landhaus die Gäste der ehemaligen Parkbesitzer.

Blick auf die Elbe vom Hindenburg-Park

Der seit 1927 öffentliche Hirschpark war früher prominenter Sommersitz der Hamburger Kaufmanns- und Reederfamilie Godeffroy. 1786 kaufte Johann Cesar IV. Godeffroy das Dockenhuder Gelände und ließ eine englische Parklandschaft anlegen. Er beauftragte den Architekten Christian Friedrich Hansen (siehe S. 40) mit dem Bau des **Landhauses J. C. Godeffroy,** Elbchaussee 499. Die nördliche Eingangsfront des streng klassizistischen Gebäudes beherrscht eine breite, von zwei Säulen getragene Vorhalle mit Freitreppe, über der die Inschrift »Der Ruhe weisem Genuss« prangt. Als letzter Godeffroy residierte hier Johann Cesar VI. (1813–1885). Der »ungekrönte König der Südsee« baute in der pazifischen Inselwelt ein umfangreiches Handelsimperium auf, dessen Zusammenbruch zu erleben ihm nicht erspart blieb. 1879 mußte die Übersee-Firma »J. C. Godeffroy & Sohn« nach Spekulationsverlusten Konkurs anmelden. Freunde sorgten dafür, daß Godeffroy bis zu seinem Tod auf dem Landsitz wohnen bleiben konnte. Hanna Vollmer-Heitmann

Witthüs Teestuben, Elbchaussee 499a, Hamburg 55, Tel.: 86 01 73

Neun Kilometer Prachtstraße im Grünen:

DIE ELBCHAUSSEE

Sie ist noch immer Hamburgs beste Adresse: **die Elbchaussee.** Neun Kilometer lang, erstreckt sie sich oberhalb des Geesthangs am Strom von Ottensen bis nach Blankenese. Der Reichtum, der hier wohnt, ist so gediegen, daß er sich nicht zeigt. Die Villen und Landsitze sind hinter Bäumen und hohen Hecken versteckt, und auch die Alarmanlage und die Hunde, die den Besitz schützen sollen, bleiben dem Flaneur verborgen. Die Klingelschilder tragen – sofern vorhanden – nicht den Namen der Besitzer, sondern unverfängliche Bezeichnungen wie »wissenschaftliches Institut«, »Hausmeister« oder »Verwaltung«.

So ist es vor allem das Grün, das der Prachtstraße noch heute ihre Wirkung verleiht. Rechts und links erstrecken sich nicht nur **großzügige öffentliche Parkanlagen,** auch die privaten Gärten, die ihnen an Größe gelegentlich kaum nachstehen, beeindrucken durch alte, sorgfältig-zufällig gepflanzte Bäume, wie natürlich gewachsene Büsche und Hecken, kaum erkennbar arrangierte, oft exotische Blumen.

Ein wenig anders sieht es mit dem Hausbestand aus. Einige wenige Glanzstücke des **Klassizismus** und der **Gründerzeit** sind – zwar nicht im ursprünglichen Zustand, aber doch nicht entstellend verbaut – erhalten. Doch vieles fiel nicht etwa Bombenschäden oder politischen Wirrnissen, sondern einfach dem mangelnden Traditionsbewußtsein der Bewohner zum Opfer: »zur Garage umgebaut«, »ursprünglicher Eindruck wegen zahlreicher Anbauten nicht mehr erkennbar«, »Hauptgebäude abgerissen, nur noch landwirtschaftliche Nebengebäude erhalten«, »altes Landhaus abgebrochen« – diese Formulierungen durchziehen die architekturgeschichtlichen Führer.

Ein gezielter Blick ist also gefordert, um die baulichen Kostbarkeiten zu entdecken. Entschieden sei davon abgeraten, dies auf einem Spaziergang oder auf einem Radausflug zu versuchen: Der nie verebbende Autoverkehr macht ein solches Unternehmen zur Tortur. Den besten Gesamteindruck erhält man ohnehin vom Wasser aus (Fährverbindungen siehe Seite 47).

Zurück zur Natur – zu genießen im Landsitz an der Elbe

Hamburgs Prachtstraße ist noch jung. Zwar gab es bereits im 17. Jahrhundert einige Lustgärten am Elbhang, doch erst zum Ausgang des 18. Jahrhunderts erwarben Hamburger und Altonaer Kaufleute in größerem Umfang Grundbesitz entlang der Elbe. Nicht nur die alteingesessenen Familien, sondern auch unternehmungsfreudige Zuwanderer aus Frankreich, den Niederlanden und Großbritannien ließen sich über die Sommermonate hier nieder. Noch heute verleihen die vielen ausländischen Namen – Godeffroy, Rainville, Thornton, Sloman, van der Smissen, Roosen – den Elbvororten internationales Flair.

Der Zweitwohnsitz an der Elbe war nicht nur eine vorzügliche Geldanlage, sondern er erfüllte auch den – von der Rousseauschen Zivilisationskritik genährten – Wunsch nach einem natürlichen Leben auf dem Lande. Zunächst in reetgedeckten Fachwerkhäusern, wenig später schon in schlicht-repräsentativen, von hervorragenden Architekten entworfenen Landvillen verbrachte man dort mit der Familie die Sommerzeit. Diese erste – und größte – Blütezeit der Landsitzkultur an der Elbe fiel in eine Epoche, als in Hamburg und Altona Reederei, Handel und Schiffahrt gediehen. Die sprichwörtliche »Ruhe des Nordens« wurde für die begüterte Oberschicht durch die französische Besatzung und die Kontinentalsperre wenig gestört. Man sympathisierte sogar – von ferne – mit den Ideen der Französischen Revolution und wußte sich später durch Schmuggel mehr als leidlich über Wasser zu halten.

Die **Elbchaussee** war zu dieser Zeit noch ein einfacher, sandiger Pfad; eine Privatstraße, für deren Benutzung Fremde Benutzungsgebühren zu entrichten hatten, blieb sie bis zum Ende

des 19. Jahrhunderts. Familien, die nicht auf den öffentlichen Nahverkehr angewiesen waren, die also über eine eigene Equipage verfügten, blieben das ganze Sommerhalbjahr über draußen im Grünen, nur der Hausherr ließ sich unter der Woche ins Kontor kutschieren – oder er ritt, bei schönem Wetter, in die Stadt. Die anderen nutzten ihren Landsitz den Sommer über als Wochenendhaus, den sie mit dem einfachen, auch von Bauern benutzten Pferdeomnibus erreichten. Ende der 1840er Jahre schlossen sich die Bewohner der Landsitze zusammen und erwarben einen eleganten vierspännigen Omnibus, die »Dame Blanche«. Sie fuhr täglich – außer sonntags – morgens von Blankenese nach Altona und spätnachmittags zurück. Ab Mitte des 19. Jahrhunderts boten Dampfschiffe auf der Elbe neue Verbindungen.

Klassizismus in Reinkultur: das Landhaus Godeffroy im Hirschpark, erbaut von Christian Friedrich Hansen

Eine schlichtere, ebenso harmonische Variante an der Elbchaussee

Geselligkeit und Kultur bei den Pfeffersäcken

Die hohe Gesellschaft aus Altona und Hamburg wußte das Leben in ländlichem Rahmen durchaus zu genießen. Bei aller nach außen demonstrierten Bescheidenheit feierte man im Innern großzügige Gesellschaften mit reichlichem, deftigem Essen und nie versiegendem süßem Wein. Doch die Besitzer der Landvillen hielten sich nicht nur auf die leiblichen Genüsse, sondern auch auf Bildung und Kultur etwas zugute. Waren nicht Hamburg und Altona dank des Wirkens von Lessing, Klopstock und Carl Philipp Emmanuel Bach zu Zentren des Geistes und der Bildung geworden?

»Ich sage oft: Was ist Geld? Geld ist rund und rollt weg; aber Bildung bleibt. Ja, Herr Doktor, wenn ich, was Gott verhüte, mein Geld verliere, so bin ich doch noch immer ein großer Kunstkenner, ein Kenner von Malerei, Musik und Poesie. Sie sollen mir die Augen zubinden und mich in der Galerie zu Florenz herumführen, und bei jedem Gemälde, vor welches sie mich hinstellen, will ich Ihnen den Maler nennen, der es gemalt hat, oder wenigstens die Schule, wozu dieser Maler gehört. Verstopfen Sie mir die Ohren, und ich höre doch jede falsche Note. Poesie? Ich kenne alle Schauspielerinnen Deutschlands und die Dichter weiß ich auswendig. Und gar Natur! Ich bin zweihundert Meilen gereist, Tag und Nacht durch, um in Schottland einen einzigen Berg zu sehen. Italien aber geht über alles. Wie gefällt Ihnen hier diese Naturgegend? Welche Schöpfung! Sehen Sie mal die Bäume, die Berge, den Himmel, da unten das Wasser – ist nicht alles wie gemalt? Haben Sie es je im Theater schöner gesehen?«

Der Herr Doktor, an den diese Sätze gerichtet sind, ist der Dichter und Dr. iur. **Heinrich Heine,** und der, der sie spricht, stammt von der Elbchaussee: In Italien mag er sich – verewigt in Heines »Bäder von Lucca« – Marquese di Gumpelino genannt haben, zu Hause hieß er schlicht Gumpel. Die Hamburger Bankiers- und Kaufmannsfamilie mit diesem Namen hatte 1829 hier (Nr. 190) einen Landsitz erworben, wenige hundert Meter entfernt von der Villa, die seit 1808 des Dichters Onkel, dem Bankier Salomon Heine, gehörte. Die bissig-bitteren Bemerkungen Heines über seinen reichen Oheim mögen bekannter sein, dem Typus des kunstverblendeten Pfeffersacks von der Elbchaussee hat der große Satiriker in Gumpelino-Gumpel vielleicht ein noch eindrucksvolleres literarisches Denkmal gesetzt.

Die alten Fehden sind vergessen, heute tragen das idyllische gelbgestrichene Biedermeierhaus in der **Elbchaussee 31,** das Gartenhaus des ehemaligen Salomon-Heineschen-Landsitzes, und der angrenzende Park Heines Namen; ein Verein mit 62 Mitgliedern hat sich die Einrichtung einer Heine-Gedenkstätte zur Aufgabe gemacht.

Restaurant Barthelomäus, Elbchaussee 94, HH 50, Tel.: 3 90 50 77
Landhaus Scherrer, Elbchaussee 130, HH 50, Tel.: 8 80 13 25

Hier trifft man sich, um gut zu speisen: »Le Canard« und »Landhaus Scherrer« (unten)

Hochherrschaftliches Wohnen mit Blick auf die Elbe

Christian Friedrich Hansen und andere – klassizistischer Norden

Erst 29 Jahre war er alt, als der in Kopenhagen geborene **Christian Friedrich Hansen** 1795 seine Stelle als holsteinischer Landbaumeister in Altona antrat. Der »Wiederhersteller des guten Geschmacks in der Baukunst«, wie ihn F. J. Lorenz Meyer charakterisierte, prägte während seines 20jährigen Wirkens das architektonische Gesicht Altonas und der Elbvororte im Sinne des Klassizismus. Seine architektonische Wiederentdeckung des alten Griechenlands erschöpfte sich nicht im bloßen Zitat antiker Säulen und Tempelgiebel. Viel bedeutsamer war die Orientierung an jenem Sinn für Proportion und Geometrie, der den Bauten der Alten ihre schlichte Harmonie verlieh.

Hansens Wirken in Altona fiel in eine Zeit, als die Kassen leer waren. Als königlich-dänischer Beamter hatte er für die öffentlichen Bauten zu sorgen, also für Schulen, Verwaltungsgebäude, Kirchen, Krankenhäuser und technische Bauten wie Brücken, Mühlen usw. Für Neubauten fehlte jedoch das Geld, so daß sich seine Tätigkeit zunächst aufs Erhalten und Renovie-

ren beschränkte. Der Architekt suchte und fand Kontakt zu zahlungskräftigen privaten Bauherren und genoß so eine doppelte Wohltat: Zum einen konnte er sein schmales Gehalt als Staatsdiener aufbessern, zum anderen bot sich ihm die Gelegenheit, seine Ideen in anspruchsvolle Projekte einfließen zu lassen.

Johann Matthias Hansen, der Neffe des großen Christian Friedrich, baute den »Halbmond«

Neun Landsitze an der Elbchaussee hat Christian Friedrich Hansen entworfen, darunter das – später veränderte – **Gosslerhaus** in Blankenese und das **Landhaus Godeffroy** im Hirschpark (siehe S. 36). Von den anderen blieb nur das **»Elbschlößchen«** (Nr. 372, zu erreichen über Georg-Bonne-Str. 21) erhalten. Die **Villa Rotonda** des italienischen Renaissance-Baumeisters Andrea Palladio mag das Vorbild für das Gebäude gewesen sein, bei dem sich um einen hohen, zylinderförmigen, vom Oberlicht beleuchteten zentralen Kuppelbau die übrigen Räume zu einem quadratischen Grundriß gruppieren. Von außen wirkt der Bau mit seinem ionischen Säulenportikus vornehm und zurückhaltend.

Ländlich-anheimelnd dagegen erscheint der **»Halbmond«** (Nr. 228), ein gelbgestrichener Reetdachbau, der auf einen

1795 verwirklichten Entwurf von Christian Friedrich Hansen zurückgeht. So, wie er heute dasteht, wurde er jedoch von dem Neffen des großen Hansen, Johann Matthias, 1820 nach einem Brand neu errichtet. Charakteristisch für das Gebäude, das ursprünglich als Stallung sowie Kutscher- und Gärtnerwohnung diente, sind die halbkreisförmig ausschwingenden niedrigen Seitenflügel, die früher einmal auf das eigentliche, auf der anderen Seite der Chaussee gelegene Hauptgebäude, das Landhaus Thornton (1913 abgerissen), wiesen.

Johann Matthias Hansen galt auch lange Zeit als einer der Erbauer des Säulenhauses (Nr. 186), doch eine Reisebeschreibung eines dänischen Historikers aus dem Jahr 1819 weist eindeutig Axel Bundsen als Architekten aus. Das Gebäude, durch Wim Wenders' »Der amerikanische Freund« in die Filmgeschichte eingegangen, prunkt mit einem zweigeschossigen, halbkreisförmigen Säulenkranz zur Elbchausseeseite. Angeregt sein soll der Bau durch ein Schloß auf der Krim, das den Bauherrn, den Rußlandkaufmann und Reeder Wilhelm Brandt, stark beeindruckt hatte.

Unter den Bauten an der Elbchaussee, die den Geist des Klassizismus noch heute ausstrahlen, sind ferner zu nennen:

Das **Landhaus Weber** (Nr. 153), ein Entwurf des Architekten **Franz Gustav Joachim Forsmann,** der auch am **Jenischhaus** (siehe S. 22) beteiligt war. Während die der Straße zugewandte Fassade des 1837 fertiggestellten Baus schlicht und fast abweisend wirkt, öffnet sich der Bau zur Elbfront in zwei übereinandergelagerten Loggien mit kannellierten ionischen Säulen.

Das **Landhaus Sillem,** nachmals **Wesselhoeft** (Nr. 352), ein in den letzten Jahrzehnten sensibel renoviertes schlichtes Herrenhaus, erbaut 1826 von einem unbekannten Architekten.

Das **Landhaus Roosen** dagegen (Nr. 388), 1798 von einem unbekannten Architekten errichtet, weist mit der Verbindung von landwirtschaftlichem Nutz- und bürgerlichem Wohnteil auf ältere Traditionen zurück. Das früher einmal reetgedeckte, mit waagerecht angeordneten Holzbohlen verkleidete Gebäude ist noch heute in einem vorzüglichen Zustand.

Sommer- und Winter-Luftkurort von Weltruf – das »Parkhotel«

Die Architekturgeschichte des 19. Jahrhunderts wird, auch wenn es um die Elbchaussee geht, gern als Verfallsgeschichte beschrieben: Auf die schlichte Wohlgestalt des Klassizismus folgte der formlos ausufernde Prunk der Gründerzeit. Nun zählte nur noch Größe. Wer dieses abfällige Urteil über die Baukunst der wilhelminischen Epoche teilt, der sollte sie, auch wenn sie kaum zu übersehen sind, keines Blickes würdigen – die Bauten aus der Zeit zwischen Reichsgründung und Erstem Weltkrieg: das **ehemalige Ausflugslokal Schmidt** (Nr. 332), die **Großvilla im Heimatstil** (Nr. 354), das **Großforschungsinstitut Grossner** (Nr. 359) und jene Gebäude (Nr. 277/279), die von unten, vom Elbuferwanderweg, wie ein Sanatorium oder ein Altenheim erscheinen. 1864 ließ der Hamburger Konsul Schön, der alle Mitglieder seiner weitverzweigten Familie in einem Haus unterbringen wollte, das eine davon erbauen. Das Gebäude wirkte schon damals wie ein Hotel, und als es schließlich 1888 Christoph Friedrich Möller erwarb, ließ er es tatsächlich zu einem solchen umbauen. Wenige Jahre später kam die dreigeschössige Dependance hinzu. Großzügige Promenaden und Kuranlagen, eine eigene Landungsbrücke für Elbdampfer und der wunderbare Blick über den Strom – all dies genügte dem Besitzer, um sein Domizil als »Sommer- und Winter-Luftkurort« anzupreisen. Anders als das ebenso vornehme **»Jacob«** (siehe S. 98) hatte das **»Park-Hotel«** jedoch nur bis 1919 Bestand; danach diente es als Verwaltungsgebäude und wurde dann zu Einzelwohnungen umgebaut. Nicht nur die Schönen und Reichen wohnen also heute an der Elbchaussee.

Brigitte Beier

HAMBURG-ENG
HAMBURG
SCANDINAVIAN
EUMÜHLEN
MUSEUMSHAFEN
VICTOR JARA

AWAYS

Seite 44/45: Der Museumshafen Övelgönne am Fähranleger Neumühlen wurde von Freunden der Schiffahrtsgeschichte in Privatinitiative eingerichtet; im Hintergrund die England-Fähre

'ne deftige Brise Fernweh:

DER ELBUFERWANDERWEG VON ÖVELGÖNNE BIS ZUM JOLLENHAFEN MÜHLENBERG

»Gehen wir doch ein bißchen an der Elbe spazieren« – ein solcher Spaziergang könnte sich zu einem regelrechten Fußmarsch ausweiten, denn von den St. Pauli-Landungsbrücken bis nach Wedel sind immerhin 20 Kilometer zurückzulegen. Der hier geschilderte Weg vom **Fähranleger Neumühlen** bis zum **Jollenhafen Mühlenberg** am Fuß des Hirschparks – wohl der reizvollste Abschnitt der ganzen Strecke – läßt sich dagegen bequem in drei Stunden bewältigen. Und wer keine Lust hat, denselben Weg zurückzugehen, kann ab Teufelsbrück mit der Fähre – mit Umsteigen in Finkenwerder – zum Ausgangspunkt zurückgelangen und dabei die Aussicht auf den Elbhang mit seinen Grünanlagen und den hinter Bäumen hervorblitzenden hochherrschaftlichen Villen genießen. Dem Stadtoberbaurat Gustav Oelsner ist es übrigens zu verdanken, daß die Stadt Altona in den 30er Jahren jenen Besitzern von Hanggrund Stück für Stück den Uferstreifen abkaufte, um einen öffentlich zugänglichen Weg am großen Strom zu schaffen.

Die Elbe ist eine der meistbefahrenen Wasserstraßen der Welt. 15 000 Seeschiffe fahren alljährlich die 56 Seemeilen von der Elbmündung zum Hamburger Hafen hinauf. Ein Blick aufs Wasser und übers Wasser zum Containerterminal Waltershof – immerhin der zweitgrößte Europas – lohnt sich allemal, will man ein wenig Fernweh schnuppern. Doch auch die Landseite hat viel zu bieten: kleine Lotsenhäuschen, großzügige Parks mit altem Baumbestand, Rasenflächen, die sich zum Ufer herabsenken, malerische Treppen zur Elbchaussee hinauf.

Bus 183 Schnelsen (West)–Neumühler Kirchenweg–Fährterminal Englandfähre; Hadag-Fährschiff 62 (im HVV) Landungsbrücken–Neumühlen–Bubendey-Ufer–Finkenwerder; Hadag-Fährschiff 64 (im HVV) Finkenwerder–Teufelsbrück; Ausflugsschiffe Neumühlen–Lühe (HVV-Fahrausweise ungültig)

Nostalgie für Schiffahrtsfreunde – der Museumshafen Övelgönne

»Zeugnisse von Schiffahrtsgeschichte vor Verfall und Abwrackwerft zu bewahren« – diese Aufgabe hat sich der 1976 gegründete Verein **Museumshafen Öfelgönne** gestellt. Der kleine Hafen am Fähranleger Neumühlen beherbergt inzwischen 28 Fahrzeuge. Fünf davon gehören dem Verein selbst, drei dem Museum für Hamburgische Geschichte, eines dem Altonaer Museum; die übrigen 19 jedoch sind private Fahrzeuge. Gemäß der Philosophie, wonach die beste Pflege für ein Schiff darin besteht, daß es wirklich gefahren wird, sind die hier vor Anker liegenden Schiffe also nicht nur äußerlich sorgfältig restauriert, sondern auch funktionstüchtig; der Besucher trifft sie daher nicht immer alle im Museumshafen an. Vom Dampfschlepper übers Feuerlöschboot, vom Hochsee-, Elbfisch-, Lotsen- und Krabbenkutter bis zum »Fastmoker«, von der Zollbarkasse bis zum holländischen Frachtsegler reicht die Palette der Schiffe, die hier ihre Heimat gefunden haben, und auch ausgediente Hafenkräne haben hier festgemacht. Flaggschiff des Hafens ist das Feuerschiff »Elbe 3«, das seit 1979 dem Verein gehört. Dieser bereits 1888 in Dienst gestellte Dreimastschoner war lange Jahre in der Wesermündung in Funktion, bis er von 1966 bis 1977 als schwimmendes Seezeichen vor Neuwerk an der Elbmündung den Schiffen den Weg nach Hamburg wies.

Museumshafen Oevelgönne e. V., Ponton Neumühlen, 2000 Hamburg 50, Telefon 39 73 83; über diese Nummer sind Führungen durch den Hafen und Gästefahrten zu verabreden und Auskünfte über Besichtigungstermine einzuholen.

Neumühlens Silhouette: Das einstige Union-Kühlhaus wird als Altersheim neu entstehen

Övelgönne hat ein neues Wahrzeichen erhalten: Der »Elbdampfer«, ein Bau des Architekten Meinhard von Gerkan, beherbergt u. a. das »Le Canard«

Hinein ins Getümmel – rund um den Fähranleger Neumühlen

Im »Grenzgebiet« zwischen Neumühlen und Övelgönne herrscht – insbesondere wochenends bei schönem Wetter – das größte Getümmel. Hier reihen sich – vom vornehm-französischen »La Nouvelle« bis zum deftig-hamburgischen »Fischrestaurant Hoppe« – die Gaststätten aneinander, hier bieten ambulante Händler auf dem ohnehin schon engen Weg ihre Waren an, hier folgt Würstchen- auf Eis- oder (je nach Jahreszeit) Glühwein-Stand. Manch einer mag bedauern, daß das alte Wahrzeichen des Ortes, das **»Union Kühlhaus«,** nun einem Domizil für betuchte Senioren weicht, das allerdings im Umriß dem alten Gebäude nachempfunden ist, doch seit 1990 ist eine neue Landmarke in eindrucksvoller Schiffsarchitektur hinzugekommen: Dort, wo einst das Ausflugslokal »Café Elbterrassen« zu einem Besuch einlud, in der Elbschlucht, erhebt sich heute ein majestätischer und gleichwohl verspielter Bau. Der Architekt, Meinhard von Gerkan, hat darin sein Atelier untergebracht. Daneben beköstigt allabendlich Starkoch Josef Viehhauser im Restaurant »Le Canard« seine zahlungskräftigen Gäste.

Wir aber stoßen auf ein Gebäude, das weit banaleren Zwek-

SIOUX
HANSA
EVERGREEN

Hamburg wie im Bilderbuch: Blick über den großen Strom zum Containerhafen Waltershof, hinten links die Köhlbrand-Brücke

Objekt für Graffiti-Künstler und Windschutz für eine kleine Pause beim Elbspaziergang: der Lüftungsschacht des Elbtunnels

ken dient, auf den **Lüftungsschacht des Elbtunnels** – davor, ausgestellt wie ein Museumsstück, ein Tübbing: 44 500 dieser stählernen Gußkörper wurden gebraucht, um die drei Röhren des Tunnels auszukleiden und zu stützen.

Doch nicht nur Technikinteressierte kommen so auf ihre Kosten, auch für den ästhetisch-spielerischen Genuß ist gesorgt. Wie kann man sich auf dem Platz um den massigen Schacht verirren? Ganz einfach: Man orientiert sich am schwarz-weißen Plattenmuster im Boden, und schon findet man sich in einem Labyrinth wieder. Danach müssen wir uns ohnehin entscheiden: Setzen wir den Ausflug am Elbstrand fort, oder folgen wir dem Weg, der in die alte Fischer- und Lotsensiedlung Övelgönne führt?

La Nouvelle, Neumühlen 50, 2000 Hamburg 50, Telefon: 39 65 04
Övelgönner Fährhaus, Neumühlen 53, 2000 Hamburg 50, Telefon: 39 38 40
Strandcafé, Övelgönne 1, 2000 Hamburg 52, Telefon 3 90 34 43
Fischrestaurant Hoppe, Övelgönne 6, 2000 Hamburg 52, Telefon: 8 80 04 45
Le Canard, Elbchaussee 139, 2000 Hamburg 50, Telefon: 8 80 50 57

Idylle hautnah: Ein schmaler Fußweg trennt die Häuserzeile in Övelgönne und die dazugehörigen Vorgärten

Intimer Charme in Sichthöhe – die alte Lotsensiedlung Övelgönne

»Es war zu **Övelgönne** bei Hamburg an der Elbe und ein sonniger Mainachmittag. Was wollte man mehr?« – nachzulesen in dem Roman »Jan Himp und die kleine Brise« (1934), der mit diesen Sätzen beginnt. Der Verfasser Hans Leip, bekannt als Autor des Soldatenliedes von der »Lili Marleen« (1915), hat darin die Irrungen und Wirrungen einer Liebe zwischen einem Bootsvermieterjungen und einer Reederstochter von der Elbchaussee liebevoll nachgezeichnet.

Mit dem Fahrrad darf man hier nicht fahren – »Schiebestrecke 8« heißt es ausdrücklich am Anfang jenes schmalen Weges, der direkt an der romantischen Häuserzeile von Övelgönne vorbeiführt. Und vom Velo aus erschließt sich der Charme dieser Örtlichkeit auch nicht. Der Dichter Peter Rühmkorf, der mit seiner Frau, der SPD-Politikerin Eva Rühmkorf, irgendwo hier sein Domizil haben soll, fühlt sich an Monte Carlo und Biarritz erinnert. Doch sind auch dort intime Blicke in fremdes Privateigentum erlaubt? Die Vorgärten links liegen zumindest am Wochenende meist verlassen da – wer läßt sich schon gern beim Sonnenbaden oder Gärtnern zuschauen? –

doch hinter den kleinen Sprossenfenstern rechts, hübsch in Sichthöhe angebracht, spielt sich Leben ab.

Neugier ist menschlich, und niemandem sei Übles gegönnt, auch nicht in Övelgönne, das seinen Namen seit 1636 trägt. Einst eine **kleine Fischersiedlung,** wuchs der Ort zu einem **»Industriestandort«** heran und wurde 1731, da inzwischen zu groß geworden, von Othmarschen abgetrennt. »Grönlandfahrer«, also Walfänger, brachten ihre Beute mit, die hier verarbeitet wurde: Speckseiten vom Wal wurden zu Tran, Walknochen zu Leim und Stärke eingekocht. Kein Wunder, daß die Anwohner über »pestilenzartigen Gestank« klagten. Schließlich siedelten sich an der Wende zum 18. Jahrhundert die **Lotsen** in Övelgönne an. Sie verdienten sich ihren Lebensunterhalt damit, die Schiffe auf ihrem Weg zwischen zahlreichen Sandbänken sicher in den Hamburger Hafen zu leiten. 1745 schlossen sich etwa 50 Lotsen zur Lotsenbrüderschaft auf der Unterelbe zusammen, um zu verhindern, daß sie einander in die Quere kamen. Die Bezahlung für Lotsendienste wurde festgelegt, von Konkurrenten von außerhalb – besonders gefürchtet waren die »wilden« Lotsen aus Stade – jedoch immer wieder unterboten. Treffpunkt der Brüderschaft war jenes Haus, in dem heute ein Restaurant mit dem passenden Namen »Zum alten Lotsenhaus« untergebracht ist.

Berufswunsch: Lotse oder Kapitän oder …

Aus der Zeit, als – bis ins 19. Jahrhundert hinein – in Övelgönne die Lotsen wohnten, stammen die niedrigen, traufenständigen Backstein- oder Fachwerkhäuser mit ihren windlukengeschützten Fenstern, die das Gesicht des Ortes noch heute prägen – Nr. 40–43, 47/48, 50/51, 65–71, 88/89, 99/100 seien besonders hervorgehoben. Die älteste noch erhaltene Häuserzeile, Nr. 72–75, stammt aus der Zeit um 1730. Dazwischen aber finden sich heute repräsentativere Häuser mit vorgebauten, gußeisern verzierten Veranden und manchem Prunk aus der Gründerzeit, die davon zeugen, daß Övelgönne im Verlauf des 19. Jahrhunderts eine feine Adresse – aber mit Understatement

10

Hin durch den schmalen Weg mit Blick über die Vorgärten auf den Strom, zurück direkt unten am Strand: Sommers wie winters ist ein Spaziergang in Övelgönne ein beschauliches Vergnügen

– wurde. Der Umzug in die Siedlung, in die keine Straße führt, mag beschwerlich, das Leben auf dem Präsentierteller manchmal unbequem sein, doch auch heute noch gilt: Wer nähme all das nicht in Kauf, um den Charme Övelgönnes Tag für Tag genießen zu können?

Zum alten Lotsenhaus, Övelgönne 13, 2000 Hamburg 52,
Telefon: 8 80 01 96
Restaurant zum Bäcker mit Kajüte, Övelgönne 38, 2000 Hamburg 52,
Telefon: 8 80 77 13

Sammelpunkt für Individualisten – die »Strandperle«

An Sommerabenden brennen am Elbufer die Feuer. Sie sind umlagert von kleinen Gruppen, die hier grillen oder einfach nur die laue Luft genießen. Doch wer das **»Erlebnis Elbe«** in größeren Menschenzusammenhängen genießen möchte, der macht sich auf in die **»Strandperle«,** am Fuß des steilen Schulwegs, der Övelgönne kreuzt, direkt am Strand gelegen. Seit Jahren schon versammelt sich die Jugend jeden Alters an dieser Selbstbedienungskneipe (sie »einfach« zu nennen, wäre übertrieben), um sich in lange Schlangen zur Bierausgabe einzureihen und anschließend – die wenigen Stühle sind meist besetzt – im Sand Platz zu nehmen, den tutenden Dampfern und den nebenan sitzenden Amateur-Gitarristen zu lauschen.

Strandperle, Övelgönne 50, 2000 Hamburg 52, Telefon: 8 80 11 12, nur während des Sommerhalbjahres geöffnet.

Elbtreff mit Tradition, seit Jahrzehnten »in«: die »Strandperle« (unten)

An Parks vorbei nach Teufelsbrück

Nach dem Ende der Häuserzeile Övelgönne mit der Nummer 103 geht es wieder hinunter an den Fluß. Auf der anderen Seite der Elbe erstreckte sich einst, von Bäumen schamhaft versteckt, der BP-Ölhafen. Inzwischen hat das Unternehmen das Gebiet verlassen, der Boden ist jedoch so verseucht, daß eine andere Nutzung kaum möglich scheint – Brachflächen am Hafenrand.

Rechts und links einer Reihe Kastanien führt der Elbuferweg, der sich nun großzügig weitet, vorbei an **Schröders Elbpark** und am **Hindenburgpark,** bis er auf die Elbchaussee stößt. Damit wir gleich wissen, wo wir sind – in **Teufelsbrück** (siehe auch S. 95) – erwartet uns ein hölzerner Satan, den der Bildhauer Sotta 1984 vor den Augen neugieriger Passanten im Hanseviertel geschnitzt hat. Die Geschäftsinhaber dieser Passage, die Stifter des Teufels, haben die Aufstellung der Figur im Juli 1984 feierlich begangen. Ein tief im Boden verankerter Stahlstift soll dafür sorgen, daß er nicht, wie seine Vorgänger, von einem Liebhaber »mitgenommen« wird.

Schnellbus 39 Flughafen–U-Bahn Hagenbecks Tierpark–Teufelsbrück; Schnellbus 36 Blankenese–Teufelsbrück–Altona–Farmsen/Berne; Bus 286 S-Bahnhof Othmarschen–Falkenstein

Die besten Pommes von der Küste

Eine besondere Attraktion von Teufelsbrück ist der Besuch der Imbißbude auf dem Fährponton. »Die besten Pommes von der Küste« verspricht der Wirt jedem, der es hören mag. Außer den frittierten Kartoffelstangen gibt es gratis noch eine Prise Abenteuer und den Duft der großen weiten Welt: In Teufelsbrück ist Lotsenwechsel. Hier gehen bei elbaufwärts fahrenden Pötten die Elblotsen von Bord, und die Hafenlotsen werden mit den schnellen Lotsenversetzbooten zu den Schiffen gebracht; bei

Einst wichtige Umschlagstelle für Nienstedten und Klein Flottbek, heute Ankerplatz für Privatyachten: der kleine Hafen bei Teufelsbrück; im Vordergrund die auf Pontons ruhende Gaststätte »Dübelsbrücker Kajüt« (unten)

Seiten: 62/63: Blick vom Anleger Teufelsbrück auf das jenseitige Elbufer: Links erkennt man das Lotsenhaus von Seemannshöft mit dem Petroleumhafen; rechts hinter dem Oldtimer-Segler erstreckt sich, hinter Bäumen verborgen, der Stadtteil Finkenwerder

elbabwärts fahrenden Schiffen natürlich umgekehrt. Auf der anderen Flußseite erkennt man das **Lotsenhaus von Seemannshöft,** einen Backsteinbau mit großer Uhr im Radar-Turm.

Ratsherrn-Elbblick, Elbuferweg 80, Hamburg 52, Tel.: 82 99 24
Dill sin Döns, Elbuferweg 95, 2000 Hamburg 52, Tel.: 82 85 00
Kleine Rast, Elbuferweg 85, Hamburg 52, Tel.: 82 69 72

Beschaulicher Ausklang

Der Weg **von Teufelsbrück bis zum Mühlenberg** ist beschaulicher, bietet weniger Sensationen. Um so schwerer ist zu verschmerzen, daß der beliebteste Rastpunkt auf dieser Strecke, der reetgedeckte **»Elbschloßpavillon«,** einst Elbuferweg 80, den Flammen zum Opfer gefallen ist. Wenige Tage vor der geplanten

Flanieren unter alten Bäumen mit Blick auf den großen Strom, der früher einmal noch schmutziger war: Die deutsche Einheit hat auch der Elbe geholfen

Wiedereröffnung nach einem Dachbrand im Mai 1991 brannte das Gebäude am 29. Februar 1992 bis auf die Grundmauern nieder. Wie es heißt, soll es jedoch am gleichen Ort wiederaufgebaut werden.

Das Auge schweift hinüber nach Finkenwerder zum Gelände jenes Flugzeugherstellers, der sich seit Oktober 1992 Deutsche Aerospace-Airbus GmbH nennt. Von hier aus steigen des öfteren mit dumpfem Gebrumm die »Super Guppys« auf, dickbauchige Transportflugzeuge, die Bauteile für den Airbus zur Weiterverarbeitung ins südfranzösische Toulouse bringen. Gute Augen entdecken daneben den Kirchturm von St. Pankratius in Neuenfelde, eine der schönsten Kirchen auf dem Hamburger Stadtgebiet, erbaut 1682.

Wenig später weitet sich die Elbe zum **Mühlenberger Loch,** dem größten Segelrevier der Hanseaten. Wer mag glauben, daß es einst zugeschüttet werden sollte, um das Airbus-Gelände zu erweitern? Den **Jollenhafen Mühlenberg** passierend, geht es über die **Straße Mühlenberg** zum **Hirschpark** (siehe S. 34). Architektonisch Interessierte mögen über die **Franz-Gartmann-Treppe** zur Straße **In de Bost** emporklimmen, um sich jenes Landhaus Nr. 39/40 anzusehen, das der Architekt A. P. Mee 1836 im typischen englischen Spätklassizismus für den Hamburger Kaufmann Richard Godeffroy erbaut hat, oder das Landhaus Berwanger (Nr. 10–12) zu bewundern, das Walther Baedeker 1922/23 entworfen hat. Der gewinnende Eindruck des Backsteinbaus mit gestuftem Giebel steht in deutlichem Kontrast zu dem abweisend-gesichtslosen Outfit der umstehenden Bauten neueren Datums. Auch von hier aus läßt sich – quasi über den Hintereingang – der Hirschpark erreichen.

Brigitte Beier

»... wenn irgendwo unsere Grabkapelle steht« –

DER NIENSTEDTENER FRIEDHOF

»Friedhof der Evangelisch-Lutherischen Kirchengemeinde Nienstedten im Kirchenkreis Blankenese« – so lautet die offizielle Bezeichnung. Gemeint ist eine der ältesten noch benutzten Begräbnisstätten in Hamburg: der **zwischen Rupertistraße und Elbchaussee,** nordwestlich der Kirche, gelegene Nienstedtener Friedhof mit seinem alten Baumbestand und seinen düsteren hochaufragenden Koniferen. Die Spaziergänge auf dem meist geometrischen Wegenetz der rund zehn Hektar großen Anlage werden dann zu einer Entdeckungsreise in Sachen Geschichte und Literatur. Nicht nur die Namen bekannter Repräsentanten aus Hamburgs älterer und jüngerer Vergangenheit – wie Caspar Baron von Voght, Karl Sieveking, Paul Nevermann –, sondern auch solche, die über die Hansestadt hinaus Renommee erlangt haben, sind auf den Grabsteinen zu lesen: etwa die der Schriftsteller Hans Henny Jahnn und Hubert Fichte oder der des früheren deutschen Reichskanzlers Bernhard von Bülow. Und nicht zuletzt verfügt der Nienstedtener Friedhof über einen bedeutenden Grabmalbestand aus dem 19. und frühen 20. Jahrhundert. Etliche der wertvollen alten Grabsteine sind inzwischen in besonderen **»Museumsbereichen«** zusammengefaßt. Bei der Friedhofsverwaltung ist ein Orientierungsplan erhältlich, auf dem die Lage dieser Grabmal-Freilichtmuseen wie auch die aller Gräber-Abteilungen gekennzeichnet ist.

Eine weißmarmorne Säule ziert die Grabstätte des 1847 verstorbenen Klein Flottbeker Pflanzenzüchters und Baumschulbesitzers John R. Booth

Über das merkwürdige Begräbnis des Hans Henny Jahnn, Verse des Empedokles und »Historische Gräber«

Die zweifellos seltsamste Grabstätte auf dem Nienstedtener Friedhof liegt am südlichen Ende der Abteilung 16 D: das einbetonierte Grab des in Stellingen geborenen Schriftstellers und

Orgelbauers **Hans Henny Jahnn,** der am 29. November 1959 im Alter von 64 Jahren starb. Jahnn lebte in den Jahren vor seinem Tod mit seiner Frau Ellinor in einem Haus im Hirschpark. Der für seine schwerverständlichen, psychologisch tiefgründigen Werke bekannte Schriftsteller entwickelte schon nach dem Tod seines 1931 frühverstorbenen Freundes Gottlieb Harms die Idee dieser »unverwüstlichen« Gemeinschaftsgrabstätte. Sie war für den beiden Geschlechtern zugeneigten Jahnn sozusagen ein Zeichen dafür, daß die gewünschte Vereinigung mit dem geliebten langjährigen Freund über den Tod hinaus möglich bleibt. Bereits 1914 hatte der Schriftsteller notiert, daß er erst Frieden finden werde, *»... wenn irgendwo unsere Grabkapelle steht, von der ich weiß, daß wir zwei einmal darinnen wohnen werden«*.

Nicht nur das massive Betongrab, auch die Konstruktion des darin verborgenen Sarges für Hans Henny Jahnn mutet absonderlich an: Der nach einem Entwurf von Jahnns Tochter Signe und ihres Freundes, des Architekten Klaus von Spreckelsen, gefertigte Sarg ist aus überdickem Holz und mit Metall ausgekleidet. Zusätzlich wurde der Sarg mit einem Wachsüberzug versiegelt und mit langen Messingschrauben verschlossen, die der Schriftsteller noch höchstpersönlich erstanden hatte. Diese Eigentümlichkeiten gehen zurück auf Grundsätze der von Jahnn nach dem Ersten Weltkrieg begründeten »Glaubensgemeinde Ugrino«, in der die Utopie eines neuheidnischen Reiches entworfen wurde. Die Glaubensgemeinde, der keine lange Lebensdauer beschieden war, untersagte ihren Mitgliedern im übrigen die Verwendung von Blumen bei Begräbnissen und die Einbalsamierung der Leiche.

Angesichts des enormen Gewichtes erwies es sich bereits als fast unüberwindliche Aufgabe, den Sarg für die Bestattung aus dem Wohnhaus der Jahnns im Hirschpark hinauszuschaffen. Grotesk wurde es dann bei der Beerdigung selbst, wie sich der Hamburger Schriftsteller Peter Rühmkorf erinnert:

»... nur daß Hans Henny sich seinen Sarkophag ein bißchen

zu wuchtig konstruiert hatte, mit einem Metallkasten innen, wie man sich herumerzählte, einem Messing-Inlett, um der Verwesung so viel Widerstand wie möglich entgegenzusetzen, und wir nachgeborenen Leidtragenden mußten alle drei Schritt lang ins Knie gehen, Huchel in unfreiwilligem Gleichtakt mit Nossack und ich neben Yngve Trede [Adoptivsohn Jahnns], und die Berufsträger kommandierten im Chor ›Uuunnnd alzamm aaaab! – Uuuund auf!‹, und der ganze Friedhof mit seinen ernsthaften Lebensbäumen und Ligusterhecken schudderte vom unterdrückten Lachen ...«

Auch sonst lief die Beerdigung wenig konventionell ab: Obwohl sie auf einem kirchlichen Friedhof stattfand, gab es keine religiösen Zeremonien, und kein Pastor sprach am Grab von Hans Henny Jahnn. Die Trauerrede hielt Jahnns Dichterfreund Hans Erich Nossack, was auf einen Vertrag zwischen beiden zurückging, wonach derjenige, der den anderen überlebte, bei der Bestattung des Freundes sprechen soll. Im übrigen sorgte – es war die Zeit des kalten Krieges – die Anwesenheit einer DDR-Delegation bei der Beerdigung für Aufsehen; ihr gehörten unter anderem der Dichter Peter Huchel und der Literaturkritiker Herbert Ihering an. Jahnn wurde in der DDR als Pazifist respektiert, war Mitglied der dortigen Akademie der Künste und hatte für den DDR-Rundfunk eine Orgel gebaut. Das auf der Kranzschleife der DDR-Delegation angebrachte Hammer-und-Sichel-Emblem führte zu anhaltenden Aufgeregtheiten in Hamburg.

Zu Hans Henny Jahnns engstem Freundeskreis zählte der junge **Hubert Fichte,** der ebenfalls auf dem Nienstedtener Friedhof seine letzte Ruhe gefunden hat. In dem 1974 erschienenen Werk »Versuch über die Pubertät« setzte Hubert Fichte seinem Schriftsteller-Kollegen in der Figur des Herrn Pozzi ein literarisches Denkmal. Der in Lokstedt aufgewachsene, auch durch seine ethnologischen Studien bekannte Fichte starb am 8. März 1986. Sein nahe der Elbchaussee in Abteilung 21 errichteter Grabstein ist mit originalsprachlichen Versen des griechischen Philosophen Empedokles versehen. Die Inschrift lautet übersetzt:

»Einst schon bin ich ein Knabe,
ich bin auch ein Mädchen gewesen,
Busch und Vogel und Fisch,
der warm aus den Wassern emporschnellt.«

Neben den beiden genannten Schriftstellern zählt sicherlich der frühere deutsche Reichskanzler **Bernhard von Bülow** zu den prominentesten Toten des Nienstedtener Friedhofs – seine Grabstätte liegt nahe des Denkmals für die Gefallenen des Ersten Weltkrieges im östlichen Friedhofsteil. Der am 3. Mai 1849 in Klein Flottbek geborene Bülow amtierte von 1900 bis 1909 als Reichskanzler. Sein Name ist in der deutschen Geschichte verbunden mit dem Begriff »Bülow-Block« – einer antisozialdemokratischen Koalition rechter und rechtsliberaler Parteien, die typisch war für die von der Furcht vor sozialen Umwälzungen geprägte Regierungspolitik im wilhelminischen Deutschland. Bernhard von Bülow starb am 28. Oktober 1929, ohne nach seiner Demission als Reichskanzler noch einmal ein bedeutendes politisches Amt bekleidet zu haben. Er lebte bis zu seinem Tod mit seiner Frau Maria in der »Elbparkvilla« an der Westgrenze des heutigen Hindenburgparks.

Die Bülow-Ruhestätte gehört zu den sogenannten **»Historischen Gräbern«:** Einem Beschluß des Nienstedtener Kirchenvorstands von Anfang der 1970er Jahre zufolge gelten bestimmte Grabstätten, auf denen Personen von Rang und Namen bestattet wurden, als schützenswerte »Historische Gräber« und dürfen nicht mehr verändert werden. Unter den Persönlichkeiten, denen auf dem Nienstedtener Friedhof eine solche Ehre zugebilligt wurde, darf natürlich der Name **Caspar Baron von Voght** nicht fehlen. Der am 20. März 1839 im Alter von 86 Jahren gestorbene Flottbeker Gutsbesitzer und Agrarreformer

Oben: Grabmal Felix Nückel (Museumsbereich III); die »Trauernde« kommt aus der Werkstatt des Hamburger Bildhauers Karl Spethmann
Rechts: Diese Bronzeplastik von Arthur Bock auf der Grabstätte Vogel (Abt. 16 B) zeigt die 1934 verstorbene Maria Vogel kurz vor ihrem Tod mit ihren Kindern

ruht in einer gemauerten Gruft, die von einer schrägliegenden Deckplatte aus weißem Marmor abgeschlossen wird.

Das imposanteste Grabgebäude des Nienstedtener Friedhofs steht etwa in dessen Mitte: das **neoklassizistische Mausoleum** für die Familie des 1938 verstorbenen Bankiers und Kaufmanns Johann Rudolf Freiherr von Schröder. Daneben verweisen zahlreiche andere Grabstätten auf wohlhabende und alteingesessene Hamburger und Altonaer Bürgerfamilien (Parish, de la Camp, Wesselhoeft, die Godeffroys, Hesse). Und nicht zuletzt bieten etliche, verstreut stehende Grabsteine dank ihrer kunstvollen Reliefs – die beispielsweise Schiffsdarstellungen oder reichverzierte Familienwappen zeigen – immer wieder neue Anreize zu Entdeckungsgängen.

Die »Museumsbereiche«: Zeugnisse der Kunstgeschichte

Etliche kulturhistorisch bedeutende Grabdenkmale, aber auch Grabsteine verdienter Hamburger Persönlichkeiten haben seit Mitte der 1970er Jahre in den drei **»Museumsbereichen«** des Friedhofs eine neue Heimat gefunden. Hier ist das breite Spektrum der Grabmalkunst in ausgewählten Beispielen versammelt – vom Klassizismus über historistische Werke bis hin zu Tendenzen des 20. Jahrhunderts. Zu den herausragenden Zeugnissen zählt dabei die weißmarmorne **klassizistische Stele für Mathilde Arnemann.** Im Museumsbereich I im südöstlichen Friedhofsteil zu finden und vom dänischen Bildhauer Hermann Ernst Freund (1786–1840) gestaltet, weist sie ein beeindruckendes Relief auf, das eine Trauernde mit einem Jüngling zeigt. Andere Grabdenkmale enthalten typische Beispiele sepulkraler Symbolik: einen Anker als Zeichen der Standhaftigkeit im Glauben, das flammende Herz als Ausdruck der Liebe zu Gott, ein geflügeltes Stundenglas als Erinnerung an die Vergänglichkeit allen irdischen Seins.

Zur Geschichte des Friedhofs

Früher lagen die Haupteingänge zum Nienstedtener Friedhof an der Elbchaussee – zwei schmiedeeiserne Tore künden noch heute von den alten Zuwegen. Diese Ausrichtung war nicht zufällig gewählt, denn der Friedhof diente nach seiner Eröffnung im Jahr 1814 nicht zuletzt den immer zahlreicher werdenden Besitzern großbürgerlicher Land- und Sommerhäuser am Elbufer als Beisetzungsstätte. Im allgemeinen versorgte er den gesamten Pfarrbezirk Nienstedten, also die Ortschaften **Blankenese, Dockenhuden, Nienstedten** selbst, **Klein und Groß Flottbek, Osdorf, Sülldorf, Rissen** und **Schenefeld.** Schon die erwähnten alten Eingänge dokumentieren, daß der älteste Friedhofsteil an der Elbchaussee liegt. Über die ersten Belegungen berichtet

Grabstätte für die Familien des Blankeneser Zeitungsverlegers Johannes Kröger und seines Bruders Heinrich; Kopf der »Trauernden Frau« (Galvanoplastik, um 1900)

Werner Johannsen, Kenner des Nienstedtener Friedhofs:

»In den Anfangsjahren wurden die Toten – nach Dorfschaften getrennt – in Grabreihen beigesetzt: die in der Regel kleinen Grabparzellen waren nicht durch Hecken und Gitter umfriedet und nur durch sehr schmale Zwischenwege voneinander getrennt.«

Aber bald verlangten die alten und wohlhabenden Bürgerfamilien nach repräsentativen **»Eigentumsgräbern«** – also Grabstätten, die für längere Zeit erworben und entsprechend aufwendig gestaltet werden konnten. Mit steigender Belegung wurde auch die Anlage des heute noch vorhandenen ausgedehnten Wegenetzes erforderlich. Wie auch bei fast allen späteren Erweiterungen wurde dabei das für deutsche Friedhöfe im frühen 19. Jahrhundert typische schematisch-geometrische Prinzip beibehalten.

Norbert Fischer

Bus 286 S-Bahn Othmarschen–Falkenstein, Haltestelle Nienstedten-Friedhof; S 1 Poppenbüttel–Wedel, Bahnhof Hochkamp, zehn Minuten Fußweg

Schlag (Kneipenlokal), Rupertistraße 26, Tel.: 82 05 22

Hamburgs »gute Stube«

RUNDGANG DURCH OTHMARSCHEN

Der heutige Stadtteil **Othmarschen** wird westlich durch die Baron-Voght-Straße, östlich durch die Straßen Friedensallee, Friesenweg, Griegstraße, Bernadottestraße, Hohenzollernring und Elbchaussee bis in Höhe der Landungsbrücke Neumühlen markiert. Im Süden verläuft die Grenze entlang der Elbe, im Norden entlang des Bahnkörpers der S-Bahn. Vom alten Dorf Othmarschen sind nur noch Reste im Gebiet Agathe-Lasch-Weg/Ansorgestraße erhalten geblieben. Die Villenanlage Neu-Othmarschen entstand im ausgehenden 19. Jahrhundert.

Villen auf alter Dorfflur – Schleswig-Holstein-Viertel

Landhaus mit Elementen des Expressionismus, Gottorpstraße Nr. 3

Vom Hauptausgang des S-Bahnhofs Othmarschen aus folgt man der Reventlowstraße ein kurzes Stück, um dann links in die Gottorpstraße und damit in das **Schleswig-Holstein-Viertel** zu gelangen. Wo früher ein schöner Feldweg nach Bahrenfeld führte, wurde zunächst die Gottorpstraße angelegt und am 23. Oktober 1898 eröffnet. Da man gerade das 50jährige Jubiläum der schleswig-holsteinischen Erhebung feierte, wurde sie nach Schloß Gottorp (heute: Gottorf) bei Schleswig benannt. Sehenswert sind vor allem die Häuser Nr. 3, 5 und 7 mit ihrer auffallenden Dachgestaltung. Es handelt sich um 1922/23 errichtete expressionistische Landhäuser der Architekten Esselmann & Gerntke.

S-Bahnhof Othmarschen: S 1 Poppenbüttel–Wedel; S 11 verkehrt zeitweise auf der gleichen Strecke bis Blankenese; Bus 186 Schenefeld–AKH Altona; Bus 286 Falkenstein–S-Bahn Othmarschen; Bus 187 Krankenhaus Rissen–Bahnhof Altona

Weiter geht es rechts in die Noerstraße mit ihren prachtvollen Villen, durch den Otto-Lehmann-Weg, den Lavaterweg in die Emkendorfstraße. Wenig später weist ein Schild links den Weg zum Röperschen Hof, Agathe-Lasch-Weg Nr. 2, eines der wenigen nach dem Autobahnbau verbliebenen Zeugnisse aus der Zeit des alten Dorfes Othmarschen. Nur der Lärm der nahen A 7 stört den idyllischen Eindruck des schönen, mit alten Bäumen umstandenen, strohgedeckten Bauernhauses aus dem Jahr 1759. Den Sturzbalken ziert der Spruch »Wer Gott vertraut, hat woll gebaut«. Heute betreibt der Verein »Aktion autonom leben, Behinderte helfen Behinderten e. V.« hier die Gaststätte Röpershof Café; einen Teil der Belegschaft bilden Behinderte.

Die Emkendorfstraße führt vorbei an zwei von C. L. Hintzpeter 1910 bzw. 1911 errichteten Landhäusern (Nr. 7 und 10) zu einer Kreuzung, wo Hirtenweg von links, Ansorgestraße von rechts einmünden. Hier befand sich – heute schwer vorstellbar – einmal der **Dorfkern Othmarschens.** An dieser Stelle stehen zwei Denkmäler: links das 1898 zur 50-Jahr-Feier der Erhebung Schleswig-Holsteins von »Frauen und Jungfrauen Othmarschens« gestiftete **Schleswig-Holstein-Denkmal.** Der Stein mit der Inschrift »1848–1898« ist von einem schmiedeeisernen, mit Wappen verzierten Gitter umzäunt. Vervollständigt wird das Denkmalensemble durch eine Doppeleiche, die man als historisches Sinnbild für die Einheit Schleswig-Holsteins aus dem **»Schleswig-Holstein-Lied«** von Matthäus Friedrich Chemnitz kennt: »Teures Land, du Doppeleiche/ Unter *einer* Krone Dach,/ Stehe fest und nimmer weiche,/ Wie der Feind auch dräuen mag!/ Schleswig-Holstein, stammverwandt,/ Wanke nicht, mein Vaterland!« Gegenüber liegt die kreisförmige Anlage des **Kriegerdenkmals.** Bemerkenswert ist hier vor allem die berühmte **uralte Eibe,** ein Wahrzeichen Othmarschens. Zum Bedauern vieler Othmarschener ergab eine genaue Prüfung, bei der man den Stamm anbohrte und die Jahresringe zählte, daß der »tausendjährige« Baum »nur« etwa 280 Jahre alt ist.

Röpershof Café, Agathe-Lasch-Weg 2, 2000 Hamburg 52, Telefon: 8 80 30 73

Eine Kirche für den Landhausvorort

Von der Ansorgestraße aus, wo noch zwei Fachwerkhäuser (Nr. 3 und 10) sowie der alte Dorfteich an die bäuerliche Vergangenheit des Stadtteils erinnern, läuft man rechts durch Roosens Weg direkt auf die **Christuskirche** zu. Daß sie eine eigene Kirche bekamen, verdankten die zur Gemeinde Ottensen gehörenden Othmarschener dem Freiherrn Conrad Hinrich von Donner, der das 1898–1900 erbaute Gebäude stiftete. Daran erinnern zwei Bronzeplatten in der Taufkapelle. Über die feierliche Weihe des neuen Gotteshauses am 5. Juni 1900 berichteten die »Altonaer Nachrichten« in aller Ausführlichkeit. Zu den Klängen der Capelle des Infanterie-Regiments Nr. 31 zog der Festzug in die geschmückte Kirche ein. Nachdem Herr von Donner in seiner Loge neben seiner Gattin Platz genommen hatte, begann der feierliche Gottesdienst. In seiner Predigt vergaß Pastor Kähler, der dienstälteste Pastor des Kirchspiels Ottensen, nicht, darauf hinzuweisen, daß die Othmarschener »ganz besondere Ursache zur Dankbarkeit« hätten, weil sie als kleinster Gemeindebezirk über eine eigene Kirche verfügten. Im Baustil der Kirche finden sich Anklänge an Richardsons amerikanische **Reformarchitektur:** Der Architekt A. Petersen wählte ausdrucksstarkes Baumaterial (Bruchstein) und bediente sich einer neoromanischen Formensprache.

Christus-Kirchengemeinde Hamburg-Othmarschen, Roosens Weg 28, 2000 Hamburg 52, Telefon: 8 80 11 05

Villenanlage Neu-Othmarschen

Weiter führt der Rundgang durch den Klein Flottbeker Weg und die Droysenstraße. Nun durchstreift man das parkartige **Othmarschener Villengebiet.** Othmarschen wurde großräumig mit Villenkolonien bebaut, nachdem die Vorortbahn Altona–Blankenese 1867 ihren Betrieb aufgenommen hatte. Ferdinand Ancker, Kaufmann von Beruf und zeitweilig Besitzer einer zwischen der heutigen Park- und Grottenstraße in Othmarschen gelegenen Ziegelei, hatte am 1. Mai 1882 einige Ländereien beiderseits der Bahnstrecke aufgekauft, wo die »Villenanlage Neu-Othmarschen« entstehen sollte. Jene Villen, die dann auf großzügigen Grundstücken an malerischen Straßenzügen erbaut wurden, dominieren noch heute das Erscheinungsbild des noblen Elbvororts.

»Wo Appelschnut geboren ward«

Ein vielbewundertes Beispiel moderner Landhausarchitektur ist das **Landhaus Beleuke,** Droysenstraße 9, das die Brüder Hans und Oskar Gerson 1912 bauten. (Wer einen kleinen Umweg nicht scheut, kann an der Jungmannstraße Nr. 1 und 3 zwei weitere Häuser der Brüder besichtigen.) In der rechtsabbiegenden Preußerstraße wohnt der bekannte Schriftsteller Siegfried Lenz. Durch die Jungmannstraße und ein kurzes Stück Parkstraße kommt man in die Otto-Ernst-Straße. Hier, genauer im Haus Nr. 17, wohnte einmal der Schriftsteller, dem die Straße ihren Namen verdankt. In dem verträumt-beschaulichen Haus schrieb Otto Ernst, der ursprünglich Volksschullehrer war, u. a. seine bekannte Kindergeschichte **»Appelschnut«,** die 1906 erschien und bisher eine halbe Million Mal verkauft wurde. Lebendes Vorbild für »Appelschnut« war seine kleine Tochter, die – inzwischen hochbetagt – immer noch in ihrem Elternhaus wohnt. Erste Erfolge erzielte der Schriftsteller mit seinen Büh-

Links: Wohnhaus des Dichters Otto Ernst, Otto-Ernst-Straße Nr. 17
Landhaus von C. L. Hintzpeter, Emkendorfstraße Nr. 10, unten

nenstücken »Jugend von heute« und »Flachsmann als Erzieher«. Selbst Kaiser Wilhelm II. gehörte zu den Besuchern der Uraufführung des Stücks »Jugend von heute« am 3. Januar 1903 im Hamburger Schauspielhaus. In seinem Othmarschener Haus, wo Otto Ernst von 1902 bis zu seinem Tod 1926 wohnte, pflegte der bärtige Zigarrenraucher mit dem goldenen Herzen seine Dichterfreunde Gustav Falke, Detlev von Liliencron und Richard Dehmel um sich zu versammeln.

Folgt man weiter der Otto-Ernst-Straße, taucht links das **Christianeum** auf. Das traditionsreiche Gymnasium kann auf eine lange Geschichte zurückblicken: Am 3. Februar 1738 erhob der dänische König Christian VI. die seit 1725 in Altona bestehende Lateinschule zu einem Gymnasium. Die Schule wurde zu einem Akademischen Gymnasium ausgebaut, dessen Oberstufe bis 1864 sogar Universitätsrang hatte. 1744 erhielt die Schule, nun unter dem Namen Christianeum, einen Neubau an der Königstraße. Hier drückte der berühmte Historiker Theodor Mommsen (1817–1903) die Schulbank.

Nachdem das Christianeum 1936 in einen von Gustav Oelsner gestalteten Bau an der Roonstraße in Othmarschen verlegt worden war, mußte es, als der neue Elbtunnel gebaut wurde, 1971 in den Neubau an der Otto-Ernst-Straße umziehen. Das auffallend flache Schulgebäude von Arne Jacobsen und Otto Weitling gilt als bedeutendes Beispiel moderner Architektur.

Nun geht es links in den Ohnsorgweg. Zunächst läuft man direkt auf die Gaststätte »Am Jenischpark« zu. Eindrucksvoller noch als die beiden kleinen reetgedeckten Fachwerkkaten am Ohnsorgweg (Nr. 7 und 9) zeugt das große Bauernhaus des Hofes Biesterfeld (Hochrad 69) vom dörflichen Ursprung Klein Flottbeks. In dem strohgedeckten Fachwerkhaus von 1814 befindet sich heute das Kneipen-Restaurant »To'n Peerstall«. Etwas weiter in Richtung Baron-Voght-Straße bilden das Reetdachhaus einer Gärtnerei (Hochrad Nr. 76) und der davorliegende Dorfteich ein reizvolles dörfliches Ensemble. Hier endet der Rundgang durch den Ortsteil Othmarschen.

Hanna Vollmer-Heitmann

S-Bahnhof Klein Flottbek: S 1 und 11 (siehe S-Bahnhof Othmarschen); Bus 184 Niendorf Nord–S-Bahn Klein Flottbek; Bus 115 Alsterchaussee–S-Bahn Klein Flottbek
Am Jenischpark, Ohnsorgweg 17 und Hochrad 56,
2000 Hamburg 52, Telefon: 82 07 71
To'n Peerstall, Hochrad 69, 2000 Hamburg 52, Telefon: 82 17 93
Café Knips, Jürgensallee 51, 2000 Hamburg 52, Telefon: 82 91 44

Fachwerkkate am Ohnsorgweg

Vom holsteinischen Geestdorf zum hamburgischen Villenvorort:

RUNDGANG DURCH GROSS FLOTTBEK

Der Stadtteil **Groß Flottbek** wird im Süden vom Verlauf der S-Bahn und im Norden vom Straßenzug Osdorfer Weg–Osdorfer Landstraße begrenzt. Im Osten reicht der Stadtteil bis zur Baurstraße, nach Westen wird das heutige Groß Flottbek durch die Heinrich-Plett-Straße begrenzt. Die Lage des einstigen Dorfes ist noch durch einige Katen rund um die Groß Flottbeker Kirche erkennbar.

S-Bahnhof Othmarschen

Der Charme der Jahrhundertwende ist ihm geblieben – der holzüberdachte Bahnsteig des S-Bahnhofs Othmarschen

Der Rundgang beginnt auf dem S-Bahnhof Othmarschen, auch wenn dieser nicht den Groß Flottbekern, sondern ihren südlichen Nachbarn »gehört«. Der **Bahnhof** steht seit dem 1. Mai 1897 an seiner heutigen Stelle, zuvor war er etwas weiter westlich zu finden. Der Ortswechsel kam auf Wunsch der Stadt Altona zustande, deren westliche Grenze seit der Stadterweiterung vom 1. April 1890 hier verlief. Die Altonaer wollten – wegen des geplanten Straßenzuges Reventlowstraße–Dürerstraße – die neue Anlage als Hochbahnhof mindestens zur Hälfte auf ihrem Gebiet haben. Die Groß Flottbeker stimmten zu, allerdings unter der Voraussetzung eines besonderen Ausgangs auf ihrer Seite. So erhielt die Bahnstation ein Empfangsgebäude an der Reventlowstraße mit der Front zum Statthalterplatz und Zugänge an beiden Bahnsteigenden.

Der Bahnhof besitzt noch die alte hölzerne Bahnsteigüberdachung, welche ihm den liebenswerten Charakter eines Vorortbahnhofes aus wilhelminischer Zeit verleiht. Eine Boutique und eine Kneipe auf dem Bahnsteig sind weitere Anziehungspunkte des Bahnhofs, dessen alter Vorbau im Mai 1979 durch einen modernen Zugang mit Rolltreppe ersetzt wurde.

Am 19. Mai 1867 hatte die Altona-Kieler-Eisenbahngesellschaft – sie wurde am 1. März 1884 vom preußischen Staat übernommen – den Verkehr mit Dampflokomotiven zwischen Altona und Blankenese eröffnet. Zunächst konnte nur in Bahrenfeld und Klein Flottbek zugestiegen werden. Ab dem 1. September 1882 hielt die Vorortbahn an einem provisorischen Haltepunkt – ein Holzhäuschen mit davorliegenden Holzschwellen als Bahnsteig – auch in Othmarschen und 1897 in Hochkamp.

S-Bahnhof Othmarschen: S 1 Wedel–Poppenbüttel; S 11 Blankenese–Poppenbüttel; Bus 186 AKH Altona–Schenefeld; Bus 286 Falkenstein–S-Bahn Othmarschen; Bus 187 Krankenhaus Rissen–Bahnhof Altona; Nachtbus 601 Rathausmarkt–S-Bahnhof Wedel

Beselerplatz – Ausfalltor nach Norden

Das Gebiet östlich der heutigen Beselerstraße gehörte um die Jahrhundertwende zu **Bahrenfeld** und damit zu Altona. Ausgangspunkt für die Besiedlung war der Beselerplatz, benannt im Jahr 1897 nach Wilhelm Hartwig Beseler (1806–1884), einem Führer der schleswig-holsteinischen Erhebung gegen Dänemark 1848. Die rechteckige Anlage entstand als Erweiterung des **alten Fahrweges von Groß Flottbek nach Othmarschen.** Die diagonal über den Platz verlaufende Doppelreihe der Eichen, die mehr als 100 Jahre alt sind, kennzeichnet noch den Verlauf des alten Feldweges entlang der heutigen Beselerstraße. Er machte dann eine Biegung in Höhe des heutigen Hauses Beselerplatz 10 und führte weiter nach Süden.

Mit der Randbebauung wurde im Jahr 1905 begonnen. An der heutigen **Waitzstraße,** an der Bellmannstraße und am Beselerplatz errichtete der Architekt Butenschön modern ausgestat-

Vielbesuchte Einkaufsstraße und nobles Wohnquartier in einem: die baumbestandene Waitzstraße in Groß Flottbek

tete Etagenhäuser. So belebte sich das Viertel, im Jahr 1910 hatte die Landgemeinde Groß Flottbek schon fast 5000 Einwohner.

Die Deutsche Werft baut für ihre leitenden Angestellten

Über den Beselerplatz geht es weiter in die **Rosenhagenstraße.** Die Häuser Nr. 24–46 sowie 27–29 gehören ebenso wie die in der **Gutzkowstraße** 1 und 9–11 sowie den parallel dazu verlaufenden Straßen **Wolfsloh** und **Eckernwoort** 3–5 sowie in der **Adickesstraße** 2–14 zu einem umfangreichen Bauprogramm der **Deutschen Werft,** mit dem unmittelbar nach dem Ende des Ersten Weltkrieges begonnen wurde. Die Häuser – sie erinnern mit ihrer niedrigen Backsteinwand, Sprossenfenstern und tief heruntergezogenen Walmdächern an bäuerliche Anwesen – waren für die höheren Angestellten bestimmt. Damit war eine klare Trennung der Firmenwohnungen erreicht, denn die Arbeiter und Werkmeister – gewissermaßen die Mannschaften und Unteroffiziere der Firma – wohnten unweit des Werftgeländes am Finkenwerder Norddeich, die »Offiziere« in Groß Flottbek und der »Generalstab« in Othmarschen. Für die Bauplanung wurde ein international renommierter Architekt herangezogen, der gebürtige Hamburger Peter Behrens, der zuvor u. a. eine Werkhalle für die AEG in Berlin (1909) und Verwaltungsbauten für Mannesmann in Düsseldorf (1911/12) und Continental in Hannover (1913–1920) entworfen hatte.

Das Malerviertel

Von der Rosenhagenstraße geht es durch die Gutzkowstraße über die Adickesstraße in die Menzelstraße. Damit sind wir im sog. **Malerviertel.** Hier stehen Mehrfamilienhäuser mit durchweg zwei Geschossen und auch Landhäuser wie das Landhaus Neumann in der Cranachstraße 27 (erbaut von den Architekten Esselmann & Gerntke im Jahr 1923), welches mit seiner dekorativen Backsteinbauweise noch dem sog. **Heimatstil** verhaftet ist. Ein Blickfang sind die aufwendigen Stadthäuser an der verkehrsreichen Dürerstraße 9–15. Die Häusergruppe entstand zwischen 1912 und 1914. Im roten Backsteinhaus Dürerstraße 9 lebte von 1963 bis 1986 der Dichter Hubert Fichte, der auf dem Friedhof in Nienstedten begraben liegt.

Die ersten Straßen des Malerviertels erhielten ihren Namen nach Künstlern der Reformationszeit. Im Oktober 1912 bezogen die ersten zehn Familien ihre Häuser in der Cranachstraße, viele von ihnen Lehrer und Reichsbahnbedienstete aus Altona.

Unser Rundgang führt über die Dürerstraße hinüber durch die Cranachstraße und dann rechts in die Beselerstraße hinein. Nach Passieren des Kalckreuthwegs kommen wir zur **Flottbeker Kirche.**

Die Flottbeker Kirche: Ihr dörfliches Aussehen ist eine Reminiszenz an die Ursprünge Groß Flottbeks

Gotteshaus im Heimatstil

Bis zum Anfang des 20. Jahrhunderts mußten die Bewohner von Groß Flottbek nach Nienstedten in die Kirche gehen. Der Weg war lang, er führte über die heutige Baron-Voght-Straße, die zwischen der S-Bahn-Unterführung und der Einmündung in die Flottbeker Straße von 1894 bis 1908 noch Kirchenstraße hieß. Kein Wunder, daß sich die Groß Flottbeker eine eigene Kirche wünschten. Am 4. Mai 1907 faßte die Gemeindevertretung einen entsprechenden Beschluß.

Zunächst wurde am Stillen Weg nördlich der Osdorfer Landstraße ein Friedhof angelegt. Mit Hermann Niebuhr wurde der erste Pastor gefunden, der bis 1934 seiner Gemeinde treu blieb. Zum 31. März 1908 schied Groß Flottbek aus dem Kirchspiel Nienstedten aus, wurde selbständige Kirchengemeinde und brauchte nun dringend ein Gotteshaus, weil der Konzertsaal an der heutigen Waitzstraße Nr. 15, wo die Gottesdienste stattfanden, nur ein Provisorium sein konnte.

Die Backsteinkirche von Groß Flottbek mit ihrem mächtigen kupferbeschlagenen Turm steht auf dem ehemaligen Schäferkamp des Kanzleigutes Flottbek. Das Gotteshaus erinnert an eine Dorfkirche, es entstand jedoch erst in den Jahren 1911/12. Vorangegangen war ein Bauwettbewerb, bei dem der Hamburger Stadtplaner Fritz Schumacher den Vorsitz der Jury übernommen hatte und unter 48 Vorschlägen auswählen mußte.

Der preisgekrönte Entwurf des Architektenbüros Raabe & Wöhlecke knüpft an den einst dörflichen Charakter Groß Flottbeks an. Man meinte, er passe am besten in die Umgebung. Die Architekten waren damals in Hamburg keine Unbekannten. Sie konzipierten u. a. die St. Pauli-Landungsbrücken (1907–1909), das Schachtgebäude des Alten Elbtunnels (1907–1911) und mehrere Bahnhöfe der Hochbahn.

Groß Flottbek war am 29. September 1912 flaggengeschmückt, als Pastor Niebuhr Punkt zwölf Uhr an der Spitze der Ehrengäste und einer tausendköpfigen Gemeinde die Kirche zum Weihegottesdienst betrat.

Bis zur Fertigstellung eines Gemeindehauses dauerte es jedoch noch fast 30 Jahre, in denen das Kaiserreich ebenso verging wie die Weimarer Republik. Dank einer Spende des Tabakindustriellen Hermann F. Reemtsma in Höhe von 50 000 Reichsmark konnte der Bau schließlich am 21. Mai 1939 eingeweiht werden.

Die Flottbeker Kirche ist nicht das einzige Gotteshaus für die Einwohner von Groß Flottbek: 1930 erhielt die katholische Ge-

Wohnen unter dem Reetdach, im Grünen und doch in der Weltstadt Hamburg: umgebautes Bauernhaus in der Groß Flottbeker Straße

meinde ihre **St.-Paulus-Augustinus-Kirche** an der Ebertallee 11. Sie hat keinen Turm, weil die Behörden ihn wegen eines geplanten Flugplatzes auf dem heutigen DESY-Gelände verboten hatten. 1953 kam die evangelisch-lutherische **Melanchthonkirche** an der Ebertallee 30 hinzu, 1965 die **Bugenhagenkirche** in Groß Flottbek-Nord, Bei der Flottbeker Mühle 28.

Ev.-luth. Kirche Groß Flottbek, Bei der Flottbeker Kirche 2, Kirchenbüro, Telefon: 82 88 19

Reste des alten Groß Flottbek

Bis in die letzten Jahre des 19. Jahrhunderts hinein war dieser Teil des heutigen Groß Flottbek noch ein von Feldern und Koppeln umsäumtes **holsteinisches Geestdorf.**

Rund um die Kirche an der Groß Flottbeker Straße und der Baron-Voght-Straße sind noch einige Überreste bäuerlicher Hufnerhäuser und Katen aus dem 19. Jahrhundert zu sehen, so z. B. das Bauernhaus von 1823 in der Baron-Voght-Straße 177 mit der Scheune (Nr. 180) und die Katen in der Groß Flottbeker Straße 45 und 47, die jedoch verändert und zum Teil massiv erneuert wurden, sowie in Nr. 53 (das 1813 erbaute Schäferhaus), ferner Beselerstraße 24, 54 und 58 und im Röbbek 15.

Die Villenanlage Groß Flottbek

Vor der Kirche geht es Richtung Süden auf der Groß Flottbeker Straße weiter. Hier beginnt die »Villenanlage Groß Flottbek«. Die großbürgerlichen Häuser aus der Zeit um die Jahrhundertwende prägen immer noch das Viertel bis zur Waitzstraße. In den letzten Jahren ist allerdings eine verdichtete Bebauung durch Mehrfamilienhäuser erfolgt.

Im Müllenhoffweg Nr. 2 und Nr. 35 stehen zwei in ihrer Zeit vielbeachtete Landhäuser: Das Haus **Müllenhoffweg 2,** erbaut 1910/11 von Hans und Oskar Gerson, wurde zum Muster für den Landhausbau neuen Stils: in Backstein errichtet mit weiß gestrichenem Holzwerk. Das Haus **Müllenhoffweg Nr. 35** schuf Fritz Höger, der Erbauer des Chilehauses, in den Jahren 1927/28 und offenbarte dabei Sinn für Farbenfreude: Die Klinker – einst mit lila Fugen – sind in Gelb-bunt gehalten, die Gesimse blau, die Fenster – zur Straße hinaus nur im Erdgeschoß – waren bunt abgesetzt.

Jochen Lüdemann – der »Patriarch« von Groß Flottbek

Die **Lüdemannstraße** – von der Kirche kommend auf der Groß Flottbeker Straße die zweite Querstraße links – erinnert an Jochen Lüdemann, der am 1. Mai 1895 sein Amt als Gemeindevorsteher von Groß Flottbek antrat und über drei Jahrzehnte, bis September 1925, die Geschicke der damaligen Landgemeinde lenkte. Fünfmal in Folge wurde Lüdemann von den Gemeindevertretern gewählt. Der Mitbegründer des Gesangvereins »Germania« (1883) und der Freiwilligen Feuerwehr Groß Flottbek (1886) hatte großen Anteil an dem allmählichen Zusammenwachsen des alten Dorfes und der »Kolonie« Groß Flottbek, waren doch die Villenbesitzer auf das Dorf und seine Geschäfte, Gewerbe- und Handwerksbetriebe angewiesen. Dort gab es im Jahr 1908 immerhin noch acht Bauernhöfe und sieben Wirtshäuser.

Allerdings waren im Dorf bis zum Beginn des 20. Jahrhunderts die Wegeverhältnisse ausgesprochen schlecht: Nachts erhellten nur wenige Petroleumlampen die ungepflasterten Straßen, die bei Regen immer voller Wasser standen. Immer stärker wurde der Wunsch der Dorfbewohner nach Anschluß an die Bequemlichkeiten der Villenbesitzer. Im Jahr 1910 wurde schließlich an der Osdorfer Landstraße ein Elektrizitätswerk erbaut, welches ganz Groß Flottbek bis zu seiner Eingemeindung nach Altona 1927 mit Strom versorgte.

Die ersten Schulen in Groß Flottbek

Im gelben, mehrflügeligen Gebäude Waitzstraße Nr. 31/Ecke Groß Flottbeker Straße wurde am 19. April 1898 eine private Höhere Mädchenschule mit Knabenvorschule eröffnet, die jedoch mangels Rentabilität 1916 unter dem Namen **»Bertha-Lyzeum«** von der Kommune übernommen wurde, benannt nach der langjährigen Schulleiterin Bertha Uhl. Um dieselbe Zeit erhielt die Schule ein zweites Haus, das mit dem ursprünglichen Gebäude durch eine Wandelhalle verbunden wurde. Dem Geist jener Kriegsjahre angemessen, trägt der Erweiterungsbau über der Eingangstür die Inschrift »Wanke nicht, mein Vaterland«, eine Textzeile aus dem »Schleswig-Holstein-Lied«. 1966 siedelten die Schüler in das Gymnasium Hochrad über, das Gebäude wird heute von der Hamburger Volkshochschule, Stadtbereich West, genutzt.

Die **Schulgeschichte Groß Flottbeks** reicht jedoch viel weiter zurück: Im Jahr 1728 wurde erstmals eine Schule am Röbbek (früher Schulweg) erwähnt. Der Anlaß war damals jedoch wenig erfreulich: Schulleiter Wilhelm Greller, der mit einem Kuhhirten unter einem Dach wohnen mußte, beschwerte sich bei der Gemeinde über zu geringe Lieferungen an Roggen und all-

In der Groß Flottbeker Straße – wieviele Generationen mögen schon auf dieser Bank gesessen haben?

gemein auch über die unzulänglichen Wohn- und Unterrichtsbedingungen in der Hirtenkate. 1820 hatte dieses Provisorium ein Ende, das neue Schulhaus wurde am Röbbek bezogen.

»Kommerzmeile« Waitzstraße

An der Waitzstraße endet der kleine Rundgang durch Groß Flottbek. Aus dem einstmals verschlafenen Villenquartier ist längst eine **pulsierende Einkaufsmeile** geworden mit zahlreichen teuren Geschäften und noblen Restaurants.

Die Straße ist 1950 nach dem Historiker Georg Waitz (1813–1886) benannt worden. Als noch vor der Jahrhundertwende die Bebauung der Straße begann, verlief die Grenze zwischen Groß Flottbek und Bahrenfeld viel weiter westlich als heute. Der einstmals Groß Flottbeker Teil der heutigen Waitzstraße hieß damals Ulmenstraße und hörte an der Gemarkungsgrenze als Sackgasse auf. Nun wurde vom Beselerplatz aus mit der Anlage einer Straße begonnen, die gleichfalls Ulmenstraße hieß und ihren Namen auch behielt, als die Groß Flottbeker ihre Straße in »Zeisestraße« umbenannten. Ein Gang von West nach Ost verdeutlicht diese Entwicklung: Während in der einstigen Zeisestraße hinter den Ladenfronten noch kunstvolle Giebel und Fassaden der alten Einfamilienvillen vom Glanz der einstigen Wohnstraße erzählen, so beherrschen ab der alten Grenze die höheren Mehrfamilienhäuser der ehemaligen Bahrenfelder (Altonaer) Ulmenstraße das Bild.

Die Entwicklung zur Geschäftsstraße vollzog sich erst nach dem Zweiten Weltkrieg – dem Unmut der Villenbesitzer zum Trotz –, weil die Altonaer Bergstraße und Königstraße, zuvor beliebtes Einkaufszentrum und mit der Bahn schnell zu erreichen, ein Opfer des Bombenkrieges geworden waren.

Das erste Haus im Groß Flottbeker Villenviertel, das von vornherein anderen Zwecken diente, war das Haus Waitzstraße 16, wo am 1. Oktober 1895 die Reichspost ihr Postamt Groß Flottbek (später Hamburg 52, heute Beselerplatz 7) eröffnete. Seit 1954 ist die »Doppeleichen-Apotheke« in diesem Gebäude zu Hause, das als einziges Haus in der Villengegend keine Vorbauten hat, die sonst an der Stelle der früheren Vorgärten errichtet worden sind. Die zweite Ausnahme war die 1898 auf dem letzten Grundstück vor der Grenze eröffnete **»Musikschule Renner«** (Waitzstraße 15) mit dem großen Konzertsaal, der bis zur Einweihung der Groß Flottbeker Kirche als Gottesdienstraum diente. Dann wurde er in einem Tanzsaal umgewandelt, später von der Groß Flottbeker Freimaurerloge »Hansa« als Festraum benutzt, bis diese nach 1933 ihre Tätigkeit einstellen mußte und die »Flottbeker Lichtspiele« (Floki) hier einzogen. Das Erdgeschoß beherbergt inzwischen eine kleine Einkaufspassage.

Ernst Christian Schütt

Steakhaus Block-House, Waitzstraße 1, Telefon: 89 72 73
Café de France, Waitzstraße 3, Telefon: 89 44 04
Waitzstuben, Waitzstraße 20, Telefon: 89 24 04
Waitz-Grill, Waitzstraße 25, Telefon: 89 75 11
Ristorante Arcobaleno, Waitzstraße 27, Telefon: 89 51 25

Hochherrschaftliches Ambiente und dörfliche Idylle:

RUNDGANG DURCH NIENSTEDTEN

Der moderne Stadtteil Nienstedten erstreckt sich längs der Norderelbe von der Baron-Voght-Straße bis zur Schenefelder Landstraße. Nach Norden hin wird er von der S-Bahn begrenzt. Die Garten- und Landschaftsarchitektur des 18. und 19. Jahrhunderts hat das heutige Gesicht Nienstedtens geprägt, doch haben sich im Zentrum rund um die Kirche auch Reste des einstigen Handwerker- und Bauerndorfes erhalten.

Ein Domizil der Sportschiffer: der Yachthafen in Teufelsbrück. Bei jedem größeren Hochwasser meldet Teufelsbrück »Land unter«

Flotte Yachten statt schwerfälliger Ewer

Beginnen wir unseren Rundgang in **Teufelsbrück.** Wer den kleinen Hafen sieht, in dem die auf mehreren Pontons ruhende Gaststätte »Dübelsbrücker Kajüt« bei Niedrigwasser buchstäblich auf dem Trockenen liegt, mag kaum glauben, daß hier vor gut 50 Jahren noch ein geschäftiger Warenumschlag herrschte. Trotz seiner geringen Ausdehnung war der von einer Mole gegen die Elbe geschützte Hafen für Nienstedten und Klein Flottbek ein wichtiger Umschlagplatz für Baustoffe, Kohlen, Getreide und Obst. Doch die Schiffahrt mit Lastkänen und Frachtewern wurde unwirtschaftlich, das Hafenbecken verschlammte und dient heute nur noch der Sportschiffahrt.

Der preußische Fiskus hätte vor über 100 Jahren das Strandvorland gern an einen Investor verkauft, der dort einen Industriebetrieb errichten wollte. Dagegen wehrten sich jedoch vor allem die Landhausbesitzer, die um ihren freien Blick auf die Elbe besorgt waren. Schließlich wurde das Terrain den Gemein-

JACOB
Marlboro
Marlboro
Marlboro

den Nienstedten und Klein Flottbek überschrieben, am 30. Juni 1888 konnte der Grundstein gelegt und wenige Monate später der Hafen zur Benutzung freigegeben werden.

Bus 286 S-Bahn Othmarschen–Teufelsbrück–Falkenstein; Schnellbus Nr. 39 Teufelsbrück–Flughafen; Schnellbus 36 Blankenese–Bramfeld Dübelsbrücker Kajüt, Elbchaussee–Teufelsbrück, 2000 Hamburg 52, Telefon: 82 87 87

Paul Nevermann, ein Dübelsbrücker Jung'

Hinter der 1980 errichteten Flutschutzmauer geht von der Baron-Voght-Straße eine kleine Straße ab, der Lünkenberg. Hier verlebte **Paul Nevermann** seine Kindheit, der von 1961 bis 1965 Erster Bürgermeister der Freien und Hansestadt war. Er kam am 5. Februar 1902 als drittes Kind des Brauereiarbeiters Johann Nevermann zur Welt. In seinen 1977 veröffentlichten Lebenserinnerungen berichtet er: »Unser Heim, Lünkenberg 4, war ganze 25 m^2 groß, 1. Etage, hatte Ofenheizung, nur Petroleumlicht, nur Herdfeuer in der Küche, nur Wasser von der Pumpe im Hof (noch zu sehen) und für vier Familien nur ein Klosett im Hof ohne Wasserspülung. Aber draußen war es schön: Der Elbstrom, die Bootsvermietung von Hermann Groth, der kleine Teufelsbrücker Hafen und der Jenisch-Park, das war unser Lebensraum. Wir konnten im Sommer rudern, segeln und baden, im Winter hatten wir die Eisschollen zum ›schibbern‹.« Paul Nevermann starb am 22. März 1979 auf Teneriffa. Auf dem Friedhof in Nienstedten liegt er begraben.

»Dill sin Döns« am Elbuferweg 95, unterhalb vom Jacob. An schönen Tagen sitzt man hier direkt am Wasser im Kaffeegarten

Seit über 100 Jahren Bier aus Nienstedten

Über den gut ausgebauten **Elbuferweg** geht es Richtung Blankenese. Wer einen Besuch in einer der drei größten Hamburger

Brauereien machen möchte, der steigt die Elbschloßtreppe hinauf und kommt zur Elbschloßbrauerei.

Die **Elbschloßbrauerei** verdankt ihren Namen einem klassizistischen Landhaus an der Elbchaussee 372, dem »Elbschlößchen.« Am 21. November 1881 wurde die Brauerei gegründet, schon am 21. Juni 1883 konnte das erste selbstgebraute Bier ausgeschenkt werden, ein tiefdunkler Gerstensaft nach Art des bayerischen Kulmbachers. Eine Aktiengesellschaft hatte 1,5 Mio Mark aufgebracht und sich nicht von dem Protest der Villenbesitzer abhalten lassen, die den Rauch der Schornsteine als Beeinträchtigung ihres behaglichen Ambientes empfanden.

Wer sich von der Qualität des Gerstensaftes überzeugen möchte, hat dazu an Ort und Stelle Gelegenheit.

Elbschloß-Brauerei, Elbchaussee 372, 2000 Hamburg 52,
Anmeldungen für Besichtigungen Tel.: 82 23-114 (Herr Fischbek)
Elbschloß Brauerei Restaurant Schmetzer, Elbchaussee 374,
2000 Hamburg 52, Telefon: 82 11 31

Traditionsreiche Gastlichkeit mit Elbblick

Wem allerdings noch nicht der Sinn nach einer Rast steht, geht weiter auf dem Elbuferwanderweg bis **Jacobs-Treppe.** Oben an der Elbchaussee erwartet uns eines der bekanntesten Restaurants von Hamburg. Schon 1765 stand hier eine Gastwirtschaft, seinen Namen und seinen Ruhm verdankt das Haus jedoch dem aus Frankreich emigierten Kunstgärtner Daniel Louis Jacob (1763–1830), der 1791 hier eingeheiratet hatte. Der Vorbesitzer – der Zuckerbäcker Nicolaus Paridom Burmester – war beim Abfeuern eines Böllerschusses ums Leben gekommen.

Jacob gestaltete u. a. die berühmte **Lindenterrasse** an der Südseite der Elbchaussee. Sie inspirierte den Maler Max Liebermann im Sommer 1902 zu einem Gemälde, das in der Hamburger Kunsthalle hängt. Als der berühmte Künstler den Inhaber um die Erlaubnis bat, hier malen zu dürfen, erhielt er zunächst zur Antwort, dies sei nicht nötig, man habe gerade frisch gestrichen. Das schlichte zweigeschossige Giebelhaus links stammt noch aus der zweiten Hälfte des 18. Jahrhunderts. Nicht nur wegen der vielen illustren Gäste und des guten Essens, auch aufgrund der Eigenheiten ihrer Besitzer erwarb sich das »Jacob« einen legendären Ruf. Zu Zeiten von Carl Louis (1827 bis 1908) und Louis Heinrich Jacob (1855–1922) wurde einem Gast einmal Steinbutt statt Rheinsalm vorgesetzt. Den Protest beantwortete der Wirt mit den Worten: »Och – der Steinbutt ist doch auch'n schönen Fisch, nich?«

Das Haus wurde 1925 erstmals verpachtet. Seit Mai 1992 ist das »Jacob« erst einmal geschlossen. Unter neuer Leitung sollen umfangreiche Renovierungsarbeiten vorgenommen werden. Mit einer Wiedereröffnung des »Jacob« ist vor Anfang 1995 wohl nicht zu rechnen.

Genau gegenüber liegt das früher auch »Kleiner Jacob« genannte »Landhaus Dill« (ehemals Gasthaus »Zum Bäcker«), ein stilvoll-schlichtes Spitzenrestaurant in einer ehemaligen Kutscherkneipe. Das Haus wurde wohl von dem aus Osdorf gebürtigen Bauernsohn Johann Jacob Langeloh 1814 erbaut, 1817 an den Bäcker Christian Pieper verkauft und mit einer Schankkonzession versehen. 1906 erwarb Heinrich Dill das Anwesen. Seit März 1976 wird das »Landhaus Dill« von dem Österreicher Volkmar Preis geführt, dem Pionier der »Nouvelle cuisine« in Hamburg. Daß es hier gleich zwei Restaurants gibt, ist kein Zufall: Einen Steinwurf entfernt liegt die Kirche von Nienstedten. Nach Kirchgang, Beerdigung oder Hochzeit gehörte ein Gasthausbesuch zum »guten Ton«.

Jacob, Hotel und Restaurant, Elbchaussee 401–403,
2000 Hamburg 52, Telefon: 82 93 52
Landhaus Dill, Elbchaussee 404, 2000 Hamburg 52,
Telefon: 82 84 43/82 43 68

Des Königs Name blieb ihr versagt – die Kirche Nienstedten

Die Westseite der Kirche von Nienstedten, gekrönt von einem mit Kupferblech verkleideten hölzernen Turm – seit 1751 der Mittelpunkt des Ortes

Lange Zeit war Nienstedten der Pfarrmittelpunkt für die Elbvororte von Klein Flottbek bis Rissen einschließlich Lurup, Osdorf und Schenefeld, und die Kirche ist auch heute noch eine beliebte **Hochzeitskirche.** Das Gotteshaus stand früher weiter südlich auf dem Geestufer hoch über der Elbe und wurde – wegen der häufigen Abbrüche bzw. Abspülungen des Ufers – im Laufe der Jahrhunderte immer weiter landeinwärts verlegt. Der jetzige Bau wurde unter Leitung des königlich dänischen Landbaumeisters für Holstein, Otto Johann Müller, und des Teufelsbrücker Tischlermeisters Joh. Balthasar Hannemann 1750/51 errichtet und am 16. Mai 1751, dem Sonntag Rogate, geweiht.

Eigens zur Kirchweihe war der Komponist **Georg Philipp Telemann** mit mehreren Sängern und Musikanten aus Hamburg – wo er seit 1721 als Musikdirektor der fünf Hauptkirchen tätig war – nach Nienstedten gekommen und leitete eine von ihm komponierte festliche Musik. Auch für das leibliche Wohl wurde gesorgt: Es muß ein wahrhaft gewaltiges Mahl gewesen sein, mit dessen Vorbereitung ein Koch zweieinhalb Tage lang im Pastorat beschäftigt gewesen war.

Nach Westen hin schließt eine Backsteinwand den rechteckigen Fachwerkbau ab. Das Kirchendach wird von einem hölzernen, mit Kupferblech verkleideten Turm gekrönt. Ein Monogramm des dänischen Königs Friedrich V. mit der Jahreszahl 1750 gibt Zeugnis von der 1640 begonnenen Regierung der Dänenkönige in der Herrschaft Pinneberg. Die Kirche nach ihm zu benennen – wie sein Vorgänger Christian VI. bei der Weihe der Christianskirche in Ottensen – wollte der Monarch den Nienstedtern allerdings nicht erlauben.

Im Inneren tragen mächtige Holzstützen das hölzerne Korb-

Frisches Gemüse vom Bauern und vom »Grünhöker« – Szene vom Markt in Nienstedten

bogengewölbe des Mittelraums sowie an der Nord- und Südseite durchlaufende Emporen. Zu den bemerkenswerten Abendmahlsgeräten gehört auch ein Silberkelch mit Feuervergoldung aus dem Jahr 1420, während – damals zum Leidwesen vieler Nienstedtener – das möglicherweise aus dem 12. Jahrhundert stammende Taufbecken im Jahr 1896 der Kirche in Blankenese überlassen wurde.

Ev.-luth. Kirche zu Nienstedten, Elbchaussee 410, Tel. für Besichtigungen 82 39 33 (Herr Weber, Küster)

Das alte Nienstedten im Schatten der Kirche

Neben der Kirche liegt der **idyllische Dorfkern von Nienstedten** mit dem Nienstedtener Marktplatz. Vereinzelte reetgedeckte Häuser – wie die Kate Hasselmannstraße 18 – sowie Wohnbauten, Restaurants und Ladengeschäfte aus der Gründerzeit sind in den Straßenzügen zwischen Kirche, Hasselmannstraße, Sieberlingstraße und Nienstedtener Straße erhalten geblieben. Das 1923 umgebaute Haus Hasselmannstraße 1 beherbergte von 1774 bis 1881 die Schule. In Hasselmannstraße 16 befindet sich seit 1885 die Eckkneipe von Heinz Büsing – vormals C. Schnepel. Außer der umfangreichen Sammlung von Eulen aus Porzellan, Glas, Ton und Holz beeindruckt vor allem die Wandbemalung. Mit Hilfe des Denkmalschutzamtes wurden 1989 die reizvollen **Wand- und Deckenfresken** freigelegt, die aus dem Jahr 1898 stammen. Das Weinlaub und andere bacchantische Motive waren jahrzehntelang unter Tapeten verborgen gewesen.

Generationen von Schülern gingen durch das Eingangsportal des Schulgebäudes in Nienstedten

Büsing, Hasselmannstraße 16, 2000 Hamburg 52, Telefon: 82 84 41
Marktplatz, Nienstedtener Marktplatz 21, Hamburg 52, Tel.: 82 98 48
Stafford, Nienstedtener Marktplatz 22, Hamburg 52, Tel.: 82 84 48

Schulhaus mit über hundertjähriger Tradition

In das hellverputzte Haus **Schulkamp 3** mit dem niedrigen Portal wurde am 7. November 1881 die noch heute bestehende Nienstedtener Schule Schulkamp verlegt. Vor der Schule entstand ein Turnplatz, wo sich – wie es in der Schulchronik heißt – die »Jugend im Spiel ihrer Freiheit freuen kann und durch Gesetz und Regel des Spiels dieselbe zu gebrauchen lernt«. Die Schulgeschichte Nienstedtens ist allerdings viel älter. Im Jahr 1561 ordnete der damalige Landesherr die Errichtung christlicher Bildungseinrichtungen an. Und so kam dann aus Höxter ein Cunradus Hardich Huxariensis nach Nienstedten, um dort als Küster und Schulmeister zu wirken. Lange blieb er dort aber nicht: Er galt als »gedoppelter Schelm« und hatte mit allen Streit. Was Wunder: Er soll die Gebetsglocken des öfteren nach Lust und Laune geläutet, die Herausgabe der Kirchenschlüssel wiederholt verweigert und sich fälschlicherweise als Wundarzt ausgegeben haben. Bei Hochzeiten sei er »unfleetich mit worten und wercken« unangenehm aufgefallen. Sein Unterricht war von ähnlicher Güte, so daß die Nienstedtener zur Überzeugung kamen, sie wollten lieber »ein Hund als ein Kind zur schuele thun«.

Ein Engländer namens Newman

Von der Straße Schulkamp geht es durch den Theresenweg links hinein in die Straße **Newmans Park**. Der Namensgeber, Henry Louis Newman (1813–1897), entstammte dem niederen

Bürgerliche Wohnkultur aus der Gründerzeit und der Jahrhundertwende zeigt die Georg-Bonne-Straße in Nienstedten

englischen Landadel und war schon ein reicher Mann, als er 1835 nach Hamburg kam und in das Handelshaus Hesse (seit 1843 Bankhaus Hesse, Newman & Co.) eintrat. Er kaufte 1870 an der Elbchaussee 398/400 das Landhaus des Herzogs Friedrich VIII. von Sonderburg-Augustenburg, dem von Bismarck 1863/64 abgewiesenen Anwärter auf den Titel eines Herzogs von Schleswig-Holstein. Hier hatte die letzte deutsche Kaiserin, Auguste Viktoria, einen Teil ihrer Jugend verlebt. Welch eine Ehre für Nienstedten, als die Monarchin am 26. August 1911 dem Ort einen Besuch abstattete. Die Villa wurde 1934/35 abgetragen und das Anwesen parzelliert.

Georg Bonne war Ende des 19. Jahrhunderts der einzige Arzt zwischen Altona und Blankenese

Georg Bonne – der einzige Arzt von Klein Flottbek

Am Ende von Newmans Park geht es rechts in die Georg-Bonne-Straße. Der Name erinnert an den Arzt und späteren Sanitätsrat **Dr. Georg Bonne** (1859–1945), der ab 1891 in der Jürgensallee 42 praktizierte. Bonne war 1887 nach Klein Flottbek gezogen und blieb lange Zeit der einzige Arzt in der näheren Umgebung. Weil es hier keinen Zahnarzt gab, mußte er als Dentist tätig werden und zog nach eigenem Bekunden jährlich rd. 300 Zähne. Über seine ärztliche Tätigkeit hinaus hat sich Bonne vor allem auf dem Gebiet des Wohnungsbaus bleibende Verdienste erworben. Er war ein früher Kämpfer für die Reinhaltung der Elbe, aktives Mitglied der Guttempler und gründete 1899 einen Arbeiter-Bauverein, der u. a. an der Ruperti- und Thunstraße, der Hermann-Renner-Straße und der Nienstedtener Straße vorbildliche Sozialwohnungen errichtete und heute als »Bauverein der Elbgemeinden eG« eine von Hamburgs größten Baugenossenschaften ist.

Die Villa des Großbankiers Schröder

Wir folgen der Georg-Bonne-Straße, deren Wohnhäuser – wie das Eckhaus Nr. 76 mit seiner historischen Stilvielfalt und den vorspringenden Balkonen – vom geruhsamen Leben in dieser Gemeinde zu Beginn unseres Jahrhunderts zeugen. Auf dem Eckgrundstück zur Elbschloßstraße steht die einstige **Villa des Bankiers Johann Rudolph Freiherr von Schröder** (1852–1938).

Das Herrenhaus ist seit dem Tode des Bankiers im Besitz des Bundes und privat vermietet. Schröder hatte das umfängliche Terrain mitsamt einer gründerzeitlichen Villa 1887 gekauft. Der 1905 in den erblichen preußischen Adelsstand erhobene Bankier pflegte einen geradezu fürstlichen Lebensstil und war wie seine Nachbarn ein begeisterter Gärtner. Jedesmal, wenn Kaiser Wilhelm II. zur traditionellen Unterelberegatta nach Hamburg kam, ließ er ihm seine Erdbeeren zukommen, die Seiner Majestät besser mundeten als die seiner Hofgärtner.

Die von Schröder entlang der Elbschloßstraße – als Abschirmung zur Brauerei – erbaute, mehr als vier Meter hohe Mauer wurde erst nach zähen Verhandlungen zwischen Stadt und Bund abgerissen. Auf dem Schröderschen Grundstück soll einmal der Internationale Seegerichtshof entstehen.

Gleich nachdem von der Georg-Bonne-Straße die Elbschloßstraße abzweigt, geht es hinüber in die Straße Quellental und dann links in einen Fußweg hinein, der zur S-Bahn Klein Flottbek führt. Wir folgen aber nicht der Beschilderung zur S-Bahn, sondern halten uns rechts (nach Osten) unterhalb des Derbyparks. Auf der linken Seite erblickt man – durch den Baumbestand hindurch – ein weißes Gebäude, das ehemalige Landhaus des Caspar Baron von Voght mit seiner von Säulen gestützten umlaufenden Galerie im Obergeschoß.

Ländliche Idylle an der vielbefahrenen Straße

Das **Landhaus in der Baron-Voght-Straße 63** war Voghts drittes und letztes Domizil am Elbrand: Bis 1793 wohnte er in einem der Bauernhäuser seines Gutes. Als dies abbrannte, nahm Voght im sog. Tempel am Elbufer in der Höhe der Elbchaussee 277 Quartier, der 1810 gleichfalls niederbrannte. Im Winter 1794 begann der Architekt Johann August Arens mit dem Bau

Bequemlichkeit für das Wohnen, nicht klassische Harmonie und geometrische Klarheit: das Landhaus Baron-Voght-Straße 63 mit zweigeschossigen, an drei Seiten umlaufenden Säulengalerien; der langjährige Landsitz des Barons Caspar von Voght

des Landhauses parallel zur heutigen Baron-Voght-Straße. Es sollte ländlich, trocken, warm und bequem sein, auf jeden Fall aber **»entschieden klein«.** Nach der Rückkehr von einem Englandaufenthalt 1794/95 wollte es Voght dann doch größer. 1798 kamen ein Festsaal und Wirtschaftsräume hinzu. 1828 verkaufte Voght den gesamten Besitz an Senator Martin Johann Jenisch junior (1793–1854), blieb aber bis zu seinem Tod im Jahr 1839 in den Sommermonaten hier wohnen.

Südlich davon stehen aus der Zeit des Barons von Voght noch Gartenhäuser (Baron-Voght-Straße 57 und 61) und ein vor 1786 erbautes reetgedecktes Stallgebäude (Baron-Voght-Straße 59b).

Sozialer Wohnungsbau für Landarbeiter

Zeugnis für die soziale Verantwortung, die der Baron für seine Tagelöhner empfand, sind die zwischen 1786 und 1798 errichteten **eingeschossigen Instenhäuser** aus Backsteinfachwerk neben dem Eingang zum Jenischpark oberhalb des Jenischhauses (Baron-Voght-Straße 52–72). Schenkt man den Worten des Barons Glauben, war dies einst eine richtige Idylle: »Glückliche Tagelöhnerfamilien saßen am Sonntag vor den freundlichen Wohnungen, die ich ihnen erbaut hatte, mit ihren in eigener malerischer Landestracht wohlgekleideten Kindern, die ich durch einen jungen genialen Mann, der sie auch Gesang und Musik lehrte, zu höherer Bildung, bei einfachen Sitten, erziehen ließ und an frühe ländliche Arbeit gewöhnte.« Ein Feuer hat im März 1992 die Häuser verwüstet.

Weitere Instenhäuser schließen sich in der Jürgensallee 102 bis 124 an. Sie wurden gleichfalls von Voght erbaut und 1832 nach einem Brand durch Jenisch neu errichtet, wobei sie statt Reet eine Bedachung mit Pfannen erhielten. Von Jenisch stammen die Instenhäuser in der Jürgensallee 75 bis 95.

Was von Voghts Zeitgenossen blieb

Caspar Baron von Voght war Namensgeber der heute vielbefahrenen **Baron-Voght-Straße,** die bei Teufelsbrück in die Elbchaussee einmündet. Viele der hier stehenden Wohnhäuser stammen aus der Zeit um die Jahrhundertwende, als durch Parzellierung und die Anlage neuer Straßen Bauplätze für Villen geschaffen und die Flächen von Voghts »ornamented farm« erheblich verkleinert wurden. Aus dem 18./19. Jahrhundert sind noch drei Häuser erhalten geblieben: das holzverbretterte zweigeschossige Landhaus in der **Baron-Voght-Straße 53** (erbaut 1828), das Landhaus Eichenlust in der Baron-Voght-Straße 27 – ein später mehrfach umgebauter verputzter Backsteinbau aus den Jahren 1794/95 – und das Landhaus Vorwerk (Baron-Voght-Straße 19), ein schlichter, zweigeschossiger Putzbau auf rechteckigem Grundriß, der 1840/41 vermutlich von dem Architekten Franz Gustav Joachim Forsmann entworfen wurde. An der Elbchaussee endet der Rundgang durch Nienstedten. Wenn es an der Baron-Voght-Straße mit dem schmalen Fußweg zu laut ist, geht man das letzte Stück durch den Jenischpark.

Ernst Christian Schütt

Die Instenhäuser – kleine Wohnungen für die Landarbeiter des Gutes Flottbek in der Jürgensallee

Links: Der Jenischpark, um 1800 als »Parc du midi« ein Teil der ausgedehnten »Ornamented farm« des Barons von Voght, wurde nach 1828 zu einer landschaftlich-natürlichen Gartenanlage mit Wiesen, Bäumen und Büschen umgestaltet

BEHÖRDEN

Bezirksverwaltung
Bezirksamt Altona (für Othmarschen und Groß Flottbek)
Platz der Republik 1, 2 HH 50, Tel. 38 07-0

Ortsamt Blankenese (für Nienstedten)
Goßlers Park 1, 2 HH 55, Tel. 8 66 93-0

Polizeidienststellen
Polizeirevier 25, Silcherstraße 5, 2 HH 50, Tel. 8 90 80 20-0

Polizeirevier 26, Blomkamp 23, 2 HH 53, Tel. 80 09 02-0

BILDUNGSEINRICHTUNGEN

Grund-, Haupt- und Realschulen:
Klein Flottbeker Weg 64 (Grundschule), 2 HH 52, Tel. 8 80 14 84

Osdorfer Weg 24 (Grundschule mit Vorschulklasse), 2 HH 52, Tel. 89 26 33

Othmarscher Kirchenweg 145 (Grund-, Haupt- und Realschule mit Beobachtungsstufe), 2 HH 50, Tel. 8 80 20 61

Schulkamp 1–3 (Grundschule), 2 HH 52, Tel. 82 02 59

Trenknerweg 136 (Grundschule mit Vorschulklasse), 2 HH 52, Tel. 8 80 81 31

Windmühlenweg 17 (Grundschule), 2 HH 52, Tel. 82 77 70

Sonderschulen
Hirtenweg 12 (Schule für Körperbehinderte), 2 HH 52, Tel. 8 80 40 66

Quellental 25 (Schule für Verhaltensgestörte), 2 HH 52, Tel. 82 80 55/56

Privatschulen
Rudolf-Steiner-Schule Nienstedten, Elbchaussee 336, 2 HH 52, Tel. 82 99 17

Gymnasien
Christianeum, Otto-Ernst-Straße 34, 2 HH 52, Tel. 38 07-21 82

Ernst-Schlee-Gymnasium, Ohlenkamp 15 a, 2 HH 52, Tel. 89 50 16

Gymnasium Hochrad, Hochrad 2, 2 HH 52, Tel. 82 88 46

Gymnasium Othmarschen, Walderseestraße 99, 2 HH 52, Tel. 8 80 60 11

Berufliche Schulen
Staatliche Handelsschule Altona, Hemmingstedter Weg 142, 2 HH 52, Tel. 82 55 54

Erwachsenenbildung
Hamburger Volkshochschule. Stadtbereich West, Waitzstraße 31, 2 HH 52, Tel. 89 20 47

Hochschuleinrichtungen

Institut für Allgemeine Botanik und Botanischer Garten der Universität Hamburg, Ohnhorststraße 18, 2 HH 52, Tel. 82 22-0

Institut für Integrationsforschung der Stiftung Europa-Kolleg, Windmühlenweg 27, 2 HH 52, Tel. 82 51 55

FREIZEIT

Bäder

Bismarck-Bad, Ottenser Hauptstraße 2, 2 HH 50, Tel. 39 26 63 (Freizeitbad)

Simrockstraße 45, 2 HH 55, Tel. 86 01 79 (Regionalbad)

Kino

Blankeneser Kino, Blankeneser Bahnhofstraße 4, 2 HH 55, Tel. 86 24 21

Elbe-Filmtheater, Osdorfer Landstraße 198, 2 HH 52, Tel. 8 00 44 45

Kleingärten

Heimgartenbund Altona e.V. (Nähe Behringstraße / Mühlenweg / Othmarscher Kirchenweg / Schwengelkamp / Stegelweg), 2 HH 52

Vereinigung der Gartenfreunde Groß Altona e.V. (Nähe Othmarscher Mühlenweg / Riemenschneiderstieg / Steenkamp / Trübnerweg), 2 HH 50

Kleingartenverein Holmbrook (Nähe Otto-Lehmann-Weg / Röpers Weide), 2 HH 52

Museen

Ernst Barlach Haus Stiftung Hermann F. Reemtsma, Baron-Voght-Straße 50a im Jenischpark, 2 HH 52, Tel. 82 60 85

Heine-Haus, Elbchaussee 31, 2 HH 50, Tel. 3 90 30 11

Jenisch-Haus. Museum großbürgerlicher Wohnkultur, Baron-Voght-Straße 50, 2 HH 52, Tel. 82 87 90

Museumshafen Övelgönne, Fähranleger Neumühlen, 2 HH 52, Tel. 39 73 83

Tabakhistorische Sammlung Reemtsma, Parkstraße 51, 2 HH 52, Tel. 8 22 05 42

Öffentliche Bücherhallen

Bornheide 47a, 2 HH 53, Tel. 8 32 01 71

Mühlenberger Weg 35, 2 HH 55, Tel. 86 37 02

KINDERGÄRTEN

Städtische Kindergärten

Bernadottestraße 128a (Sondereinrichtung für sprachbehinderte Kinder), 2 HH 52, Tel. 8 80 25 13

Elbchaussee 362 (Sondereinrichtung für geistig behinderte Kinder), 2 HH 52, Tel. 82 92 89

Hirtenweg 12 (Sondereinrichtung für körperbehinderte Kinder), 2 HH 52, Tel. 8 80 19 03

Kirchliche Kindergärten
Kindergarten Bugenhagengemeinde, Bei der Flottbeker Mühle 28, 2 HH 52, Tel. 82 11 15

Evangelische Kindertagesstätte (Kirchengemeinde zu Groß Flottbek), Windmühlenweg 19, 2 HH 52, Tel. 82 46 72

Kindergarten Seestraße 52, 2 HH 52, Tel. 82 45 05

Kindertagesheim (Melanchtongemeinde), Ebertallee 55, 2 HH 52, Tel. 8 99 24 64

Kindertagesheim (Kirche zu Nienstedten), Rupertistraße 47, 2 HH 52, Tel. 82 01 33

Kindergarten (Ansgarkirche zu Othmarschen), Griegstraße 1a, 2 HH 50, Tel. 8 80 15 90

Kindertagesheim (Christuskirche zu Othmarschen), Roosens Weg 28c, 2 HH 52, Tel. 8 80 13 24

Kindergarten (Röm.-kath. St. Paulus-Augustinus-Gemeinde), Ebertallee 11, 2 HH 52, Tel. 89 73 57

Sonstige Einrichtungen
Kinderhaus Altona e.V., Trenknerweg 108, 2 HH 52, Tel. 8 80 88 55

Kinderhaus Bahrenfeld e.V., Wichmannstraße 13a, 2 HH 52, Tel. 8 90 25 11

Kinderkreis 52 e.V., Droysenstraße 54, 2 HH 52, Tel. 8 80 73 16

Kindertagesheim Kinderland Hamburg e.V., Osdorfer Landstraße 11, 2 HH 52, Tel. 82 64 50

Privater Kindergarten Gertrud Pabsch, Droste-Hülshoff-Straße 25, 2 HH 52, Tel. 82 74 54

KIRCHLICHE EINRICHTUNGEN

Ev.-Luth. Kirchen
Bugenhagengemeinde zu Groß Flottbek, Bei der Flottbeker Mühle 28, 2 HH 52, Tel. 82 65 02 (Gemeindebüro)

Kirche Groß Flottbek, Bei der Flottbeker Kirche 2, 2 HH 52, Tel. 82 88 19 (Kirchenbüro)
Melanchtonkirche, Ebertallee 30, 2 HH 52, Tel. 89 13 06 (Gemeindebüro)

Kirche zu Nienstedten, Elbchaussee 410, 2 HH 52, Tel. 82 87 44 (Kirchenbüro)
Ansgarkirche, Griegstraße 1a, Tel. 8 80 28 73 (Gemeindebüro)
Christuskirche zu Othmarschen, Roosens Weg 28, 2 HH 52, Tel. 8 80 11 05 (Gemeindebüro)

Römisch-katholische Kirche
St.-Paulus-Augustinus-Kirche, Ebertallee 11, 2 HH 52, Tel. 89 41 40

Friedhöfe
Groß Flottbek, Stiller Weg 28, 2 HH 52, Tel. 82 90 74

Nienstedten, Rupertistraße 37, 2 HH 52, Tel. 82 88 60

CAFÉS, KNEIPEN UND RESTAURANTS

Alte Kate, Kreisstraße 13, 2 HH 52, Tel. 8 99 10 78

Am Jenischpark (Beese), Ohnsorgweg 17 und Hochrad 56, 2 HH 52, Tel. 82 07 71

Barthelomäus, Elbchaussee 94, 2 HH 50, Tel. 3 90 50 77

Bäsel, Behringstraße 124, 2 HH 50, Tel. 8 80 88 83

Beseler Stuben, Beselerstraße 39, 2 HH 52, Tel. 89 37 49

Billard Village, Osdorfer Landstraße 7, 2 HH 52, Tel. 82 03 44

Block House, Waitzstraße 1, 2 HH 52, Tel. 89 72 73

Büsing, Hasselmannstraße 16, 2 HH 52, Tel. 82 84 41

Café de France, Waitzstraße 3, 2 HH 52, Tel. 89 44 04

Café Knips, Jürgensallee 51, 2 HH 52, Tel. 82 91 44

Café Martini, Osdorfer Landstraße 117, 2 HH 52, Tel. 80 18 44

China-Restaurant Tsien Yen, Beselerstraße 21, 2 HH 52, Tel. 8 99 37 11

Da Paolo, Nienstedtener Straße 2 d, 2 HH 52, Tel. 82 73 33

Landhaus Dill, Elbchaussee 404, 2 HH 52, Tel. 82 84 43 / 82 43 68

Dill sin Döns, Elbuferweg 95, 2 HH 52, Tel. 82 85 00

Dübelsbrücker Kajüt, Elbchaussee-Teufelsbrück, 2 HH 52, Tel. 82 87 82

Elbschloß Brauerei Restaurant Schmetzer, Elbchaussee 374, 2 HH 52, Tel. 82 11 31

Fischrestaurant Hoppe, Övelgönne 6, 2 HH 52, Tel. 8 80 04 45

Flottbeker Dorfkrug (Brunckhorst), Hemmingstedter Weg 2, 2 HH 52, Tel. 82 48 25

Hirtenhof, Hirtenweg 16, 2 HH 52, Tel. 8 80 31 33

Holzhaus-Bar, Baron-Voght-Straße 126, 2 HH 52, Tel. 82 72 30

Il punto Alfredo, Beselerstraße 35, 2 HH 52, Tel. 89 55 34

Jacob, Elbchaussee 401–403, 2 HH 52, Tel. 82 93 52

Kajüte 2, Elbchaussee 328, 2 HH 52, Tel. 82 87 87

Kleine Rast, Elbuferweg 85, 2 HH 52, Tel. 82 69 72

KöPi Othmarschen, Beselerplatz 11, 2 HH 52, Tel. 89 35 25

La Camargue, Ebertallee 20, 2 HH 52, Tel. 8 90 45 55

Landhaus Scherrer, Elbchaussee 130, 2 HH 50, Tel. 8 80 13 25

La Nouvelle, Neumühlen 50, 2 HH 50, Tel. 39 65 04

Le Canard, Elbchaussee 139, 2 HH 50, Tel. 8 80 50 57

L'Europeo, Osdorfer Weg 27, 2 HH 52, Tel. 8 99 21 38

Marktplatz, Nienstedtener Marktplatz 21, 2 HH 52, Tel. 82 98 48

Mignon im Fährhaus Teufelsbrücke, Elbchaussee 322, 2 HH 52, Tel. 82 86 53

Oevelgönner Fährhaus, Neumühlen 53, 2 HH 50, Tel. 39 38 40

Porker's, Osdorfer Landstraße 111, 2 HH 52, Tel. 80 23 18

Ratsherrn-Elbblick, Elbuferweg 80, 2 HH 52, Tel. 82 99 24

Ratsherrn-Eck, Georg-Bonne-Straße 42, 2 HH 52, Tel. 82 97 13

Ristorante Arcobaleno, Waitzstraße 27, 2 HH 52, Tel. 89 51 25

Röpers-Hof Café, Agathe-Lasch-Weg 2, 2 HH 52, Tel. 8 81 12 00

Schlag, Rupertistraße 26, 2 HH 52, Tel. 82 05 22

Stafford, Nienstedtener Marktplatz 22, 2 HH 52, Tel. 82 84 48

Strandcafé, Övelgönne 1, 2 HH 52, Tel. 3 90 34 43
Strandperle, Övelgönne 50 (April bis September), 2 HH 52, Tel. 8 80 11 12

Taverna Marathon, Beselerstraße 19, 2 HH 52, Tel. 89 28 26

To'n Peerstall, Hochrad 69, 2 HH 52, Tel. 82 17 93

Trattoria Ischia, Quellental 36, 2 HH 52, Tel. 82 95 44

Voila, Liebermannstraße 52, 2 HH 52, Tel. 8 80 26 65

Waitz-Grill, Waitzstraße 25, 2 HH 52, Tel. 89 75 11

Waitzstuben, Waitzstraße 20, 2 HH 52, Tel. 89 24 04

Witthüs Teestuben, Elbchaussee 499a, 2 HH 55, Tel. 86 01 73

Zum alten Landhaus, Neumühlen 50, 2 HH 50, Tel. 3 90 10 28

Zum alten Lotsenhaus, Övelgönne 13, 2 HH 52, Tel. 8 80 01 96

Zum Bäcker mit Kajüte, Övelgönne 38, 2 HH 52, Tel. 8 80 77 13

Zum Lindenkrug, Steenkamp 37, 2 HH 52, Tel. 89 26 86

Zum Seehof, Osdorfer Weg 12, 2 HH 52, Tel. 8 99 21 51

Zur Elbkate, Övelgönner Hohlweg 12, 2 HH 52, Tel. 8 80 37 66

SPORTVEREINE

Behinderten-Sport-Gemeinschaft Elbgemeinden e.V., Stiefmütterchenweg 8, 2 HH 52, Tel. 80 21 74 (Harald Haselhuhn)

Elbe Yacht Club e.V., Gustav-Schwab-Straße 3, 2 HH 52, Tel. 82 71 13 (Wolfgang Kruse)

Flottmarscher Sportclub e.V., Röpers Weide 28, 2 HH 52, Tel. 82 04 47

Großflottbeker Spielvereinigung e.V., Postfach 520 441, 2 HH 52, Tel. 8 90 30 56

Großflottbeker Tennis-, Hockey- und Golf Club e.V., Otto-Ernst-Straße 22, 2 HH 52, Tel. 82 72 08

Hamburger Polo Club e.V., Jenischstraße 26, 2 HH 52, Tel. 82 06 81

Nienstedtener Turnverein e.V., Flaßberg 107b, 2 HH 53, Tel. 8 32 38 04
(Jörn Esemann)

Norddeutscher und Flottbeker Reiterverein e.V., Hemmingstedter Weg 2, 2 HH 52, Tel. 82 81 82 / 82 45 72, Derbyplatz Baron-Voght-Straße 59, Tel. 82 64 91

Othmarscher Tennis-Club e.V., Othmarscher Kirchenweg 103, 2 HH 50, Tel. 8 80 66 19

Po-Eun e.V., Osdorfer Landstraße 8, 2 HH 52, Telefon 8 50 18 25 (Jens Beckmann)

Regatta Vereinigung Elbe e.V., Övelgönne 53, 2 HH 52, Tel. 7 45 82 82

Segelclub Tümmler Övelgönne e.V., Lünkenberg 14, 2 HH 52, Tel. 82 92 71
(Egon Klawitter)

Seglerverein Altona-Övelgönne e.V., Övelgönne 52, 2 HH 52, Tel. 8 81 14 40
(Jürgen Chr. Schaper)

Sport-Club Nienstedten von 1907 e.V., Quellental, 2 HH 52, Tel. 82 98 46

Tennis-Club Vierjahreszeiten e.V., Windmühlenweg 55, 2 HH 52, Tel. 82 18 28

Tisch-Tennis-Club Grün-weiß-rot Nienstedten e.V., Biesterfeldweg 8, 2 HH 52, Tel. 82 80 85 (Carl-Georg Bödiker)

Turnverein von 1901 Groß Flottbek e.V., Waitzstraße 19, 2 HH 52, Tel. 8 90 31 95

Vejas Hamburg e.V., Tönninger Straße 7, 2 HH 52, Tel. 89 85 66

Verein für Therapeutisch-Sportliches Reiten und Rollstuhlsport e.V., Hirtenweg 8, 2 HH 52, Tel. 8 80 47 31 (Gerhard Halbach)

VEREINE UND VERBÄNDE

Bürgerverein Flottbek-Othmarschen e.V., Waitzstraße 26, 2 HH 52, Tel. 89 77 10
(Vorsitzender: Günther Busow)

Bürger- und Heimatverein Nienstedten e.V., Nienstedtener Straße 18 (»Bürgerstuben«), 2 HH 52 (Vorsitzender: Christian Engelken)

Gesellschaft für Kunstgeschichte, Literatur und Philosophie in der Galerie Bellmannstraße, Ebertallee 55, 2 HH 52, Tel. 89 23 79

Wissensbörse Hamburg e.V., Waitzstraße 31, 2 HH 52, Tel. 89 72 58

Zentrum für Schulbiologie und Umwelterziehung, Hemmingstedter Weg 142, 2 HH 52, Tel. 82 35 62

WOCHENMÄRKTE

Nienstedtener Marktplatz (Öko-Wochenmarkt), freitags 9.00–12.30 Uhr

Osdorfer Landstraße, mittwochs und samstags 8.00–13.00 Uhr

LITERATURVERZEICHNIS

Ahrens, Gerhard: Caspar Voght und sein Mustergut Flottbek (Beiträge zur Geschichte Hamburgs, Band 1). Hamburg 1969

Altonaer Museum in Hamburg – Norddeutsches Landesmuseum: Jenisch-Haus. Museum großbürgerlicher Wohnkultur. Text: Christian L. Küster. München und Zürich 1989

Ein Rundgang durch das Ernst-Barlach-Haus. Hamburg o. J.

Führer durch den Neuen Botanischen Garten. Von Hans-Helmut Poppendieck, ergänzt von Günter Hentzschel. Herausgegeben vom Institut für Allgemeine Botanik und Botanischer Garten. 10. Auflage 1991

Die Bau- und Kunstdenkmale der Freien und Hansestadt Hamburg. Band II: Altona – Elbvororte. Bearbeitet von Renata Klée-Gobert unter Mitarbeit von Heinz Ramm. Hamburg 1970

Borgmann, Sylvia: Caspar Voght und Klein Flottbek. Eine Park- und Stadtlandschaft unter Veränderungsdruck, in: »Was nützet mir ein schöner Garten ...«. Historische Parks und Gärten in Hamburg. Hg. von der Patriotischen Gesellschaft von 1765 und dem Verein der Freunde der Denkmalpflege e. V. Hamburg 1990, Seite 36–45

Brenken, Anna/Kossak, Egbert: Spaziergänge Hamburg. Hamburg 1989

250 Jahre Christianeum. Des Königs Schule spricht Latein. Herausgegeben vom Altonaer Museum. Hamburg 1988

Ehrenberg, Richard: Aus der Vorzeit von Blankenese und den benachbarten Ortschaften Wedel, Dockenhuden, Nienstedten und Flottbek. Hamburg 1897

Ernst, Otto: Appelschnut. Hamburg 1984

Festschrift 1912–1987. 75 Jahre Groß Flottbeker Spielvereinigung von 1912 e. V.

Festschrift zum Schuljubiläum. 100 Jahre Schule am Schulkamp. 400 Jahre Schule in Nienstedten. (Verantwortlich: Ilse Stalmann.) Hamburg 1981

Flottbek-Othmarschen einst und jetzt. Hrsg. Bürgerverein Flottbek-Othmarschen e. V., Hamburg 1981

Der Friedhof Nienstedten und seine Museumsbereiche. Hrsg. von der Verwaltung des Friedhofs der Ev.-Luth. Kirchengemeinde Hamburg-Nienstedten. Text: Eberhard Kändler, Zeichnungen: Peter Reincke. Hamburg 1987

75 Jahre Christuskirche zu Hamburg-Othmarschen. Hamburg 1975

75 Jahre Großflottbeker Tennis, Hockey und Golf-Club e. V., Hamburg 1976

75 Jahre Kirche zu Groß Flottbek. Hamburg 1987

Grundmann, Friedhelm: Christian Frederik Hansen in Altona 1785–1804. In: Architektur in Hamburg. Jahrbuch 1992. Hamburg 1991, S. 140–149

Heimatbuch aus Anlaß des 100jährigen Bestehens des Bürger- und Heimatvereins Nienstedten e. V. (Zusammenstellung: Paul Jerichow). Hamburg 1976

Heimatwoche aus Anlaß des 200jährigen Bestehens der Kirche in Nienstedten 1751–1951 (Verfasser: Otto Hintze). Hamburg 1951

Heimatwoche Nienstedten vom 9.–15. September 1956. Ein Heimatbuch aus Anlaß der 75-Jahrfeier der Schule am Schulkamp in Hamburg-Nienstedten. Vergangenheit und Gegenwart in Nienstedten, Klein Flottbek, Hochkamp (bearbeitet und zusammengestellt durch Otto Hintze). Hamburg 1956

Heine, Heinrich: Die Bäder von Lucca. Zitiert nach: Insel Heine, Band 2: Reisebilder, Erzählende Prosa, Aufsätze. Frankfurt am Main 1968, S. 307–378

Hipp, Hermann: Freie und Hansestadt Hamburg. Geschichte, Kultur und Stadtbaukunst an Elbe und Alster. Köln 1989

Hoffmann, Paul Theodor: Die Elbchaussee. Ihre Landsitze, Menschen und Schicksale. Hamburg 1982

Der Holsteinische Tourist oder Wegweiser für Fußreisende in der Umgebung von Hamburg. Von Peregrinus pedestris. Hamburg 1836

Johannsen, Werner: Der Friedhof Nienstedten und seine »historischen« Gräber. In: Hamburgische Geschichts- und Heimatblätter, Band 12, Heft 7, Oktober 1990, S. 161–170

Johannsen, Werner: Wer sie waren ... wo sie ruhen. Ein Wegweiser zu bemerkenswerten Grabstätten auf dem Friedhof Nienstedten. Hamburg 1992

Kossak, Egbert: Hamburg aus der Luft. Von Altona bis Rissen. Hamburg 1990

Leip, Hans: Jan Himp und die kleine Brise. Hamburg 1934

1912–1962. 50 Jahre Gross Flottbeker Spielvereinigung von 1912 (Hrsg. Kurt Röhrs). Hamburg 1962

Nevermann, Paul: Metaller. Bürgermeister. Mieterpräsident. Köln 1977

Oppens, Edith: Hamburg. München 1981

Oppermann, Hans: 50 Jahre Kirche Groß-Flottbek (1912–1962). Bilder aus ihrer Geschichte. Hamburg 1962

Rühmkorf, Peter: Die Jahre die Ihr kennt. Anfälle und Erinnerungen. Reinbek 1972

Schiller-Tietz, Nikolaus: Führer durch Grossflottbek und Umgebung. Den Einheimischen und Fremden gewidmet vom Verkehrsverein in Grossflottbek. Großflottbek um 1905

Schütt, Ernst Christian u. a.: Die Chronik Hamburgs. Dortmund 1991

Schütz, Professor Dr.: Hamburg im Jahr 1827. Hamburg 1961 (Reprint)

60 Jahre Großflottbeker Tennis-, Hockey und Golf-Club. Unter der Schriftleitung von Erich Schmidt. Hamburg 1961

Topographie des Herzogtums Holstein einschließlich Kreis Herzogtum Lauenburg, Fürstentum Lübeck, Enklaven der Freien und Hansestadt Lübeck, Enklaven der Freien und Hansestadt Hamburg, von Henning Oldekop. 1. Band, Kiel 1908

Topographie der Herzogthümer Holstein und Lauenburg, des Fürstenthums Lübeck und des Gebiets der Freien und Hanse-Städte Hamburg und Lübeck. Von Johannes v. Schröder und Herm. Biernatzki. Band I und II, Oldenburg in Holstein 1855 und 1856

Voght, Caspar: Flottbek in ästhetischer Ansicht. Herausgegeben und kommentiert von Charlotte Schoell-Glass. Hamburg 1990

Von der Schönheit des Nützlichen. 200 Jahre Kulturlandschaft Klein Flottbek. 4. 9.–2. 10. 1990. Eine Ausstellung in Verbindung mit dem Altonaer Museum im Ernst-Barlach-Haus

Brigitte Beier, Norbert Fischer, Ernst Christian Schütt und **Hanna Vollmer-Heitmann** haben sich Ende der 80er Jahre zum Redaktionsbüro »Context« zusammengeschlossen. Die Germanisten, Volkskundler, Soziologen und Historiker verfügen über langjährige Erfahrungen als Sachbuchautor(inn)en zu historischen, politischen und regionalen Themen. Zu ihren neueren Veröffentlichungen gehört »Die Chronik Hamburgs«.

Jan Jepsen wurde 1962 in Hamburg geboren. Er arbeitet heute als freier Text- und Bildjournalist für diverse Lifestyle-, Frauen- und Reisezeitschriften.

Niensteden
Klein Flottbek
Hochkamp
Kl. Flottbek
Botanischer Garten
Teich
Jenisch-Gymn.
Poloplatz
Tennis-pl.
Sport-plätze
Sch.
Königgrätzstr.
Meyerhofstr.
Friedensweg
kamp
Dörpfeldstraße
Breitenbach-weg
Sternbergweg
Püttkampsweg
Booths-weg
Tönninger Weg
Hemmingstedter Weg
Langelohstr.
Fontanestr.
Brentanostr.
Droste-Hülshoff-Str.
Dammann-weg
Blech-schmidtstr.
Cordsstr.
Ohnhorststr.
Jürgensallee
Langenhegen
Post
Söbendieken
Thun-straße
Ruperti-straße
Renner-Str.
Up de Schanz
Ligusterweg
Weetenkamp
Kanzleistr.
Karl-Jacob-Straße
Elchweg
Jödeweg
Georg-Bonne-Str.
Ehrenstieg
Quellental
Baumschweg
Elbschloßstraße
Brauerei
Rud.-Steiner-Sch.
Wessel-hoeft-park
Lünkenberg
Baron-Voght-Str.
Appuhnstr.
Nettelhof
Jenisch-haus
Jenisch
N.S.G.
Reit-turnier-platz
Wilhelmistr.
Marxsenweg
Langkamp
An der Flottbek
Winselohweg
Nordquistweg
Wisplerstr.
Heinr.-Plett-Str.
Elbuferweg
Elbschloß-treppe
Jacobs-treppe
Hasselmann-str.
New-mans Park
Kp.
Ld. Br.
Teufelsbrü

Groß- Flottbek
Othmarschen
Bahrenfeld
Bonnepark
Bahrenfelder See
Anschl. Hmb-Bahrenfeld
Anschl. Hmb-Othmarschen
Allgem. Krankenhaus Altona
Industriegelände
Christianeum
Golfplatz
Gymn.
Sch.
Post
Krkhs
Rathenaupark
Seefahrer-Altenheim
Hindenb.-Park
Schröders Elbpark
Elbchaussee
Elbuferweg
Övelgönne
Museumshafen
Kühlhaus
Neumühlen
ELBE
Seemannshöft
Lotsenhaus
KÖHLFLEET-HAFEN
PETROLEUMHAFEN
PARKHAFEN
Athabaskahöft
Athabaskakai
Bubendey-Ufer
Bubendeyweg
Tankweg
Jachthafen
Parkhöft
Waltershofer Höft
Burchardkai
Ortsamt
Gorch-Fock-Halle
Bad
Seemanns-Sch.
Rosenhagenstr.
Beselerplatz
Cranachplatz
Stadthalter-Pl.
Behringstraße
Bernadottestraße
Othmarscher Kirchenweg
Flottbeker Weg
Große Flottbeker Str.
Bahrenfelder Chaussee
Von-Sauer-Straße
Ebertallee
Zickzackweg
Roosens Weg
Ernst-August-Straße
Hohenzollernring
Philosophenweg
Trenknerweg
Strehlowweg
Holmbrook
Paul Ehrlich-Str.
Friedensallee
Mendelssohnstr.
Regerstraße
Julienstr.
Elbchaussee
Öveigönne
28
27